U0099837

親子閱讀 從零歲起

潘穎文 著

新雅文化事業有限公司

www.sunya.com.hk

推薦序

　　閱讀能力對兒童的學習及成長十分重要。除了兒童本身的特質，環境對於閱讀能力的發展有深遠的影響。而家長有能力優化兒童的閱讀環境！家母常說：「在你小時候，我們都不用怎樣操心，那時大家都是天生天養的。」但是，隨着社會進步及學制的更新，及早支援兒童的學習，往往能使幼兒的成長更順利，更快捷。

　　本人欣賞作者潘穎文能融合自身經驗及專業知識。書中的內容都合乎學術理論，讓讀者正確了解兒童的閱讀能力發展及親子閱讀的方法等。穎文能應用自己的專業背景，以科學、語言學及教育學的理論對親子閱讀作多角度的分析。坊間的親子閱讀書籍多數以單一專業解說，本書能融合數個專業實在難得。

　　除了重視知識的質素，本書更能體貼家長的需要。穎文是兩個孩子的母親，著作本書時正在親身經歷孩子學習閱讀的時間。她以母親作為視點，以第一身與讀者分享親子閱讀的方法，想必能切合各位家長的需要。

本書實在是專業及實用並重！在第 6 章的圖書分享中，看到穎文對圖書的熱愛及熟悉。除了親子閱讀外，她在選書時兼顧兒童成長中重要的事情，例如兄妹姊妹相處、長輩倫理、認知發展及想像力。本人更欣賞穎文能把圖書分成11個類別解說及介紹，並分享了她與孩子閱讀這些圖書時的心得。

　　坊間關於親子閱讀的書籍甚多，但是本書有其獨有的優點。不經不覺，今次已經第3次為穎文寫序。期望各讀者細心閱讀，用心感受她希望幫助家長「教得容易」的心意。

羅頌華　博士
香港大學言語及聽覺科學系哲學博士
香港大學語言學碩士

自序

　　2020年7月下旬一個上午，我接到了新雅文化編輯晴晴媽媽的一個訊息，邀請我編寫這本書，希望父母可以有系統地掌握一些親子閱讀的知識和技巧，並以閱讀為原點，延伸一系列的親子遊戲，讓孩子得到全面的發展。

　　這個消息，令我相當興奮，趕走了夏日的悶熱感。當時，正值新冠肺炎肆虐香港，每日確診個案過百，孩子復課的日子遙遙無期。在這半年中，是我身為言語治療師的一大挑戰，我既要隔着屏幕，但又要面對面教導孩子溝通和説話，我需要用已有的經驗應付新的挑戰。這時，我比以往更深切的體會到我需要這些孩子的父母，我需要他們的配合，把我的指導和訓練延續和落實於家中！我盡我所能地把我認識的技巧都教給父母，有時恨不得他們的腦中都植有一塊晶片，那麼我就可以把自己認識的一切，全部「複製」並「貼上」在他們的腦海中。

　　一直以來，把自己的經驗與父母分享，是我工作中最熱切追尋的理想。這個疫症，更讓我知道我的方向是正確的。

　　作為兩個孩子的媽媽，我跟所有父母一樣焦急。孩子停學，又不能外出，我們可以如何教導孩子？如何避免孩子沉溺在網絡世界？我感到非常慶幸，我與孩子一向有親子閱讀的習慣。既然我們不能外出，我們就用書本作為窗子，讓我們可以窺探外面的世界；既然身體不能旅遊，我們就讓思想乘着書本翱翔天際。我們的身體雖然在家中，但精神仍然可以享受自由。我們雖然要以網絡連繫外界，但閱讀可以讓我們避免沉溺在網絡世界中。有了圖書，家裏也可以是一個理想的學習場所。我希望，不論你的孩子是一般的孩子或是有特殊需要的孩子，我這一本書，能讓你得着更多的智慧和技巧，促進孩子在認知、語言、大肌肉、小肌

肉、自理、社交、專注力等方面的全面發展，更可以加強孩子的心智解讀與執行功能。這些能力，不但對孩子的學習和成長非常重要，對孩子也是終身受用的。此外，我也希望你們能透過與孩子閱讀傳遞你們對孩子的愛。

我的兩個孩子，性別不同，性格也不一樣。我感謝他們，讓我深切體會為人母親的喜悅、焦急、徬徨、成就感、挫敗感和驚喜。是因為這兩個孩子，我才能好好理解和應用我所學到的專業知識，讓我有決心和能力幫助其他的父母和孩子。在此，我非常感謝新雅文化，讓我把心得出版成書，並在過程中提供了很多寶貴的意見，讓父母們能分享我的經驗和專業知識。謝謝我的碩士同學Stella蔡惠雲，介紹我予新雅文化認識，讓我有機會在這5年多的時間內，把所思所想所懂化為三本著作。謝謝我的大學同學羅頌華博士，無論是在同窗時期或畢業後的歲月裏都鼓勵我，更為我在3本著作中寫序。謝謝我工作的單位救世軍天鑰家庭及兒童發展中心，給予我絕對的信任，讓我可以在工餘時間把所學的知識和技巧貢獻社會。謝謝我先生和我的家人，他們不但幫忙照顧孩子，更對我是無條件的付出和支持。

從小，我便喜歡閱讀，也喜歡寫作，曾夢想有一天會成為作家，把自己的想法分享給很多人。這本書，結合了我成為言語治療師16年的經驗和9年當媽媽的經驗，也讓我逐步實現了夢想。我很想勉勵父母們，在教養孩子的過程中，我們總會遇到很多的困難或挑戰，只要大家付出努力教好孩子，就已經是很好的父母了。我希望大家不要與其他人比較，要努力地讚賞和鼓勵自己，讓自己能有心有力地教導孩子。

潘穎文

目錄

第1章

親子閱讀新手 FAQ

　　孩子應在何時開始看書呢？寶寶什麼都不懂，給他看書有用嗎？寶寶不乖乖看書，只會吃書和扔書，該怎麼辦呢？…… 我相信正在閱讀這本書的父母，對親子閱讀是充滿着熱情和期待，可是你們對一些事情或許不太肯定。因此，我很想在介紹親子閱讀的方法前，先解答你們心中的疑問，讓你們有信心和決心實行親子閱讀。當孩子長成參天大樹時，親子閱讀時光將會是你們的寶貴回憶。

　　還記得在我兒子10個月大的一天晚上，我到他就讀的育嬰園參加了「書伴我行計劃」的一個家長分享會。席間，我發現很多父母對親子閱讀都充滿了好奇和疑問。在這個分享會之前，我仍未有決心與孩子展開親子閱讀，那並不是因為我不認識親子閱讀，或不知道它的好處，而是我仍在適應照顧孩子，所以總是在躊躇着。直至在分享會上，導師說了一句話，我才有決心與孩子開始閱讀。那句說話就是「我想你的孩子很喜歡你，因為你常常笑。如果你能與孩子閱讀，孩子一定會更喜歡你。」這句說話，事隔9年，我仍然記憶猶新。當天，我獲得了Eric Carle和Bill Martin Jr.合著的 *Brown Bear, Brown Bear, What Do You See?* 作為紀念品。就是這本書，開展了我與孩子親子閱讀的習慣。也因為這次經驗，我明白到父母總是需要鼓勵和方法，讓自己有決心開始一些好習慣。亦因為我看到父母們對親子閱讀的熱情和疑問，推動我把親子閱讀的知識和經驗分享開去。

　　我相信正在閱讀這本書的父母，對親子閱讀是充滿着熱情和期待，可是你們對一些事情或許不太肯定。因此，我很想在介紹親子閱讀的方法前，先解答你們心中的疑問，讓你們有信心和決心實行親子閱讀。我希望這本書會是一盞小小的明燈，鼓勵你們踏上一趟愉快的親子閱讀旅程。當孩子長成參天大樹時，親子閱讀時光將會是你們的寶貴回憶。

Q1　父母應在何時跟孩子開始親子閱讀呢？

　　一般來說，專家鼓勵父母儘早與孩子開始親子閱讀。孩子自胎兒期6個月開始，已逐漸發展出聽力，這時父母便可以朗讀一些有韻律的童謠給肚子裏的胎兒聽聽。

　　現時，世界各地都積極推動親子閱讀，鼓勵父母及早與孩子進行親子閱讀。以芬蘭為例，該國多次在學生能力國際評估計劃（Programme for International Student Assessment，簡稱PISA）的閱讀能力方面奪冠，當地政府會在孩子出生前送禮物包給父母，當中除了有嬰兒衣物外，還包括了一本童書，目的是鼓勵父母在懷孕期和初生期便開始為孩子多朗讀。英國則有自1992年起推動的Bookstart運動：每名7-9個月嬰兒進行健康檢查時，政府會贈送父母免費的閱讀刊物袋，包含童書、閱讀指南和圖書館邀請函。目前全世界共有20多個國家也響應這個運動，亞洲包含中國、日本、韓國、泰國、印尼等。

　　在香港，孩子上幼稚園或小學後，老師們會以不同的方式吸引孩子閱讀，例如在圖書館設立專區，按主題推介不同的繪本，或者以獎勵方式鼓勵孩子多閱讀。此外，也有不少文章或專家提出成人也要建立恆常的閱讀習慣，例如每星期閱讀一本書。專家也鼓勵長者閱讀不同種類的讀物，以延緩認知退化。以上種種，都帶出了閱讀習慣的建立和維持是終生的事情，而閱讀的興趣須要及早萌發。

　　我的經驗是，閱讀習慣是越早建立越容易，這可以在新手父母熟習

照顧孩子後開始，並且沒有所謂的「太遲」。我強調及早開始與孩子閱讀，並不是要以認字或學習為閱讀的目標，而是培養孩子的閱讀興趣。即使現時你的孩子已過了初生或幼兒階段，只要有信心和方法，你仍然可以建立起孩子的閱讀興趣。

親子閱讀不是一個任務，沒有時間的死線，而是父母與孩子共同享受的美好時光。閱讀興趣和能力的培養是一生一世的事。

 延伸閱讀

請翻至第50頁「第3章 親子閱讀導航」，了解孩子在不同階段的閱讀需要、適合品種和策略。

 Q2 誰適合跟孩子閱讀呢？

香港有不少雙職父母，孩子需要交由長輩或外傭幫忙照顧。究竟，他們適合跟孩子閱讀嗎？

答案當然是「適合」，只要照顧者有心有力，就可以跟孩子閱讀。接着，父母很可能會問，長輩和外傭的廣東話或許不純正，會「教壞」孩子嗎？

如果父母擔心長輩或外傭的語言會「教壞」孩子，那麼不妨反過來想想，難道長輩和外傭跟孩子毫無交流或者只會滑手機會更好嗎？我的

經驗是，只要父母回家後有足夠的時間跟孩子看書和溝通，即使長輩和外傭的廣東話不純正，孩子總會學習到地道的廣東話。如果有願意陪伴孩子的長輩和外傭，那其實是父母和孩子的福氣呢！

再接下去，父母也許會問，長輩和外傭可能不懂中文或英文，那該如何與孩子閱讀？父母可以放心，早期的閱讀是不用照本宣科的，反而是需要成人跟從孩子的興趣和能力，以合適長度的口語句子描述書本中的事物。所以，父母大可不必為長輩和外傭等照顧者不懂書本上的文字而發愁，最重要的是父母鼓勵照顧者運用合適的親子閱讀方式。

我是一名全職的言語治療師，兩個孩子在年幼時期，日間都交給育嬰園和長輩照顧。即使孩子在日間已有不同的人陪伴、照顧和為他們閱讀，但是我和先生仍然堅持每天晚上與兩個孩子看書。

如果父母錯失了親子閱讀的時光，不但很可惜，更重要的是，教養孩子，始終是父母的責任，有其他人願意幫忙，只是錦上添花。

延伸閱讀

請翻至第55頁「第3章 親子閱讀導航」的「2親子閱讀方式」，了解不同的親子閱讀方式。

Q3 寶寶什麼都不懂，給他看書有用嗎？

寶寶初生時，看似什麼都不懂，那就代表他不需要看書嗎？

其實，寶寶初生時就能聽見、能看見，已具備了非凡的學習能力。早在胎兒時期，寶寶已發展出聽覺能力，能聽到外間的聲音。科學家甚至發現，寶寶一出生後，即能分辨出聽過的故事或母親的聲音。除聽覺外，寶寶在出生後的幾個月內，視力也不斷地發展。寶寶起初對眼前事物只有模糊的影像，到後來能看到顏色鮮明的影像。寶寶的成長需要不斷探索和刺激，親子閱讀便提供了豐富的聲音和影像的刺激，讓寶寶認識世界，促進各種感官的全面發展。

此外，親子閱讀不一定是要寶寶懂什麼，或是要學懂什麼，而是從寶寶小時候開始，讓寶寶與書本逐漸「熟絡」起來，這個愛看書的習慣會讓寶寶終身受用。因此，父母不必擔心寶寶懂不懂書本的內容。而且，親子閱讀可以推動親子關係。即使寶寶長大後未必能夠記起小時候看過什麼書，但被爸爸媽媽抱着看故事的感覺，至長大後仍會感到很溫暖。

與寶寶閱讀時，每次的時間不用多，父母可以按寶寶的興趣和能力決定閱讀的時間。記得我最初為兒子閱讀時，有時也會覺得自己有點傻，偶然還覺得自己「對牛彈琴」！可是只要持之以恆，慢慢地，你會發現寶寶的反應多了，甚至會主動用小手拿起圖書交給你，請你為他閱讀，這實在是一種很幸福的感覺呢！

延伸閱讀

> 請翻至第28頁「第2章 啟動親子閱讀」，讓自己在開始
> 親子閱讀前對孩子的發展有全面的理解。

Q4 寶寶不乖乖看書，只會吃書和扔書，該怎麼辦呢？

　　父母需要明白，寶寶的「不專心」或「不合作」行為，其實都是他們成長的自然表現。天下間沒有多少個寶寶不曾吃書和扔書呢！

　　根據心理學家佛洛伊德（Sigmund Freud）提出，0-2歲的寶寶是處於口腔期（Oral Stage），他們的快樂源自口腔活動帶來的滿足感。寶寶會把身邊的物件放進口中，然後透過口部的感覺學習到新的知識。寶寶在口腔期有合適和足夠的刺激，會讓他們的心理健康成長。否則，寶寶長大後可能出現吸煙、酗酒、咬指甲等情況。此外，寶寶需要口部的探索，增加感知刺激，以及練習活動自己的口部、顎部和舌頭，才可以發展出咀嚼、吞嚥和説話等能力。所以，我鼓勵父母為嬰兒階段的寶寶購書而不是借書，這樣，父母就可放手讓寶寶自由探索，而不需要擔心衞生問題或他們會弄壞圖書。在這階段，我會選擇布書、海綿書、洗澡書和厚紙板書，並且把書清潔好，在安全的情況下，我都會讓兩個孩子咬書。父母也不用太擔心寶寶「習慣」了咬書就不會好好地看書，只

要父母多與孩子一起閱讀，多示範正確的閱讀方式，寶寶多看了，又度過了口腔期後，自然能好好地看書。

另外，寶寶會透過扔物件，了解到物件即使是消失了，也是存在的，因而逐漸建立起物件恆存（Object Permanence）的概念。寶寶有了這個概念後，就知道語言所表達的，不但包括眼前的事物，也包括眼前未能看到的事物。語言是一個符號，它與物件的連繫是固定的，不管物件是否在眼前。

至於寶寶其他「不乖乖」看書的表現，如東張西望，是因為寶寶的視覺和聽覺逐漸成熟，對世界充滿了好奇心，也因為寶寶喜愛透過觀察和操作物件來學習。

因此，父母不要因為寶寶有以上的表現而放棄與孩子閱讀，反而可以運用本書中的一些方法吸引他們的興趣。父母會發現，經過你們的引導，寶寶會慢慢愛上閱讀，減少「不專心」和「不合作」的表現。

延伸閱讀

請翻至第28頁「第2章 啟動親子閱讀」，了解孩子的全面發展，以及第56頁「第3章 親子閱讀導航」的「2.1 孩子主導的閱讀方式」，了解如何跟嬰幼兒進行親子閱讀。

Q5 寶寶年紀這麼小，我該與他看什麼書？

寶寶初期學習閱讀時，需要一些能讓他們自由探索的圖書，這些圖書必需是安全和方便清潔的，而且能吸引寶寶的興趣。父母可選擇一些既是書本，也是玩具的圖書。

在寶寶0-1歲的初生階段，父母可以選擇一些布製圖書。父母可以在寶寶日間活動的時間把圖書放在寶寶牀邊或嬰兒車，讓他們自由探索。這些布製的圖書柔軟，即使放在寶寶身邊，父母也不需擔心會弄傷他們。當寶寶翻開它們或按下它們的按鈕時，也會發出特別的聲音，吸引寶寶翻書。一些塑膠製的圖書還可以陪伴寶寶洗澡，讓父母替寶寶洗澡時一邊玩耍，一邊閱讀。

除了布製和塑膠製的圖書外，父母也可選擇厚紙板的操作書。這些圖書都被裁剪成圓角，書頁是厚厚的卡紙，適合讓寶寶自行翻頁。書中的活動機關還能吸引寶寶操作，建立簡單的「因果關係」概念。

其實，除了閱讀圖書外，父母也可在日常生活中培養孩子閱讀的興趣和習慣。父母可以隨時隨地指出生活中常見的文字，例如：閱讀車站指南和車站路線圖、在街上收到的宣傳單張、餐廳裏的餐牌、超級市場的指示牌和食物的介紹等。只要孩子對生活事物和相關的題材感興趣，父母多引導孩子閱讀文字，孩子會漸漸明白文字具有傳情達意的作用。父母要注意的是，引導孩子留意日常生活中的文字並不是要孩子多認字，而是讓他們建立起對文字的興趣。

　　父母也可以圖書作為起步，多與孩子玩一些與圖書內容相關的遊戲和活動，促進孩子的全人發展。從今天起，父母可以選擇合適的圖書，在日常生活中多引導孩子閱讀文字，把閱讀變成一個生活習慣。

📖 延伸閱讀

請翻至第82頁「第4章 發現閱讀新世界」，了解與圖書相關的延伸遊戲和活動；以及第186頁「第6章 閱讀藏寶圖」，按孩子的年齡、需要和興趣選擇合適的圖書。

Q6 孩子只對電子產品感興趣，我該讓他使用來看動畫或看書嗎？

　　電子產品如手機和平板電腦的用途廣泛，能搜尋到題材豐富的動畫，也能讓孩子玩遊戲，有時還可以讓孩子從中學習。此外，動畫中的視覺刺激和聲音效果，的確可以安撫孩子，讓照顧者在忙碌的生活中有喘息的空間。可是，父母需要非常謹慎地讓孩子接觸電子產品。根據美國兒童與青少年精神醫學會（American Academy of Child and Adolescent Psychiatry，簡稱AACAP）於2020年2月發出的指引，初生至18個月大的寶寶不宜接觸屏幕，除了特殊的情況，如在無法跟親友見面時，可讓寶寶以屏幕與親友溝通。對於18-24個月大的寶寶，也只建議在照顧者的陪同下觀看有教育性質的節目。2-5歲的孩子平日不應

有多於1小時的非教育性質的屏幕時間，而在周末限於3小時內。6歲以上的孩子也應鼓勵參與性質健康的活動並限制使用屏幕的時間。在睡前30分鐘至1小時前，以及在與家人進餐時，也應關掉屏幕，以免影響孩子的身心發展。

有些父母會與孩子閱讀電子書，可是現階段的研究對於孩子閱讀電子書的好壞仍有爭論。有研究指出，父母與孩子在閱讀電子書時，可能會較專注於教導孩子使用電子書的功能而不在與孩子的互動交流上。也有研究指出，使用電子書的好處和壞處取決於父母的閱讀方式、孩子的特質與所選取的圖書。不過，我相信傳統的學習和閱讀方式行之多年，一定對孩子是有好處的。因此，在我教育兩個孩子的時候，我盡可能讓他們少看屏幕，多閱讀傳統的紙本圖書。

當孩子長大一些後，父母可以善用電視和影片啟發孩子閱讀。就好像我兒子看了《飛機總動員》的電影後，就萌生閱讀相關小說的興趣。父母也可以就孩子感興趣的影片，讓孩子閱讀相關的圖書去認識更多關於這方面的資料。

倘若父母認為孩子沒有興趣看書，可以嘗試與孩子閱讀不同題材的圖書，有時不一定是故事繪本才能引起孩子的興趣，部分孩子可能較喜歡知識性的繪本，部份孩子適合多動手參與和圖書相關的遊戲。父母最重要的是多作嘗試，最終一定可以發掘到孩子感興趣的圖書。

 **延伸閱讀**

請翻至第186頁閱讀「第6章 閱讀藏寶圖」，按孩子的興趣，嘗試與他閱讀不同的圖書。

Q7 坊間有些教材看似十分完善，我要買給孩子嗎？

　　套裝式教材的確能助父母一臂之力，尤其是對於忙碌的家長而言，讓父母能便捷地及有系統地因應孩子的發展里程教導孩子。如父母正考慮購買這些教材，可參考我以下的分享，作出明智的決定：

① **教材的價錢**

　　我並不是不願意花費金錢教育孩子，而是我相信教育孩子有不同的方法，故要看這個花費是否需要和值得。坊間有一些會籍式外語教材，聲稱可以讓孩子使用一段長時間，期間還有專人跟進學習情況，孩子也可透過參加有關的活動練習外語。假如父母需要一套整全的系統幫助自己教導孩子，也願意花上這5-6位數字的費用，這類教材會是一個選擇。然而，這個花費足以讓父母彈性地購買不同的兒童圖書和教材，那會否更能用得其所呢？

②　孩子的興趣

這類教材有時是以同一主題或角色貫穿整套教材，使用的年期很長。倘若孩子對這些主題或角色失去興趣，那麼便會浪費了一整套教材了。因此，我不會建議選擇那些使用年期太長的教材。

③　使用電子教材和屏幕

我不太主張讓孩子使用過多的電子產品。我會選擇那些紙本圖書的系列式教材，因為紙本書的操作簡單，父母可以集中精神與孩子閱讀和交流書中的內容。假如孩子習慣了影片豐富和多姿多采的感觀刺激，就未必有耐性發掘紙本圖書的樂趣了。

父母或者可嘗試因應孩子的年齡與興趣選擇圖書，也可因應圖書內容延伸活動，讓孩子得到整全的啟發與學習。

📖 延伸閱讀

請翻至第82頁及186頁，分別閱讀「第4章 發現閱讀新世界」及「第6章 閱讀藏寶圖」，發掘各種各樣與圖書相關的延伸遊戲和活動，以及不同類別的圖書推介。

Q8 孩子可以看不同語言的圖書嗎？這會令孩子混淆嗎？

孩子看不同語言的圖書是沒有問題的，正如孩子同時學習多於一種語言一樣，是不會引致語言混亂和語言障礙的。父母可以留意以下：

① **以流暢的語言與孩子交流書中的內容**

父母朗讀書中的句子時，需要清晰地咬字，孩子才能透過父母的語言示範習得標準和流暢的語言。如果父母想解釋書中的內容，最理想是運用與書中相同的語言，同時指出書中的插圖或配合動作姿勢等身體語言作出解釋。如果父母沒有信心跟孩子以書中的語言作進一步的交流，也可以在朗讀圖書後，把書合上再集中地以自己的母語與孩子討論。父母特別要注意的是，不要中英夾雜在同一句句子中，例如：「我看到一隻 helicopter flying high 呀！」，那樣孩子就比較容易出現語言混淆的情況了。

② **以書本作溝通話題，不一定要運用書本中的語言**

年紀小的孩子，我鼓勵父母不用照本宣科，可以跟從孩子的興趣談及書中的內容。這時，父母可彈性地只運用自己的母語與孩子介紹書中的內容。我也曾在一些二手店買了些法語和日語的童書，因為我不諳這兩種語言，我只會跟從孩子的興趣，以自己的說話演繹書中的內容，而不會直接朗讀書中的內容。孩子也因為我按他們的喜好以自己熟悉的語言作互動，對這些圖書產生了興趣。

③ 父母分別運用不同的語言與孩子閱讀

父母或許有自己擅長的語言，其實也可以考慮與孩子以自己熟悉的語言與孩子閱讀。這道理就像營造雙語的語言環境一樣，父母各自運用自己熟悉的語言與孩子溝通。就像我會以廣東話與孩子閱讀，而我先生則會以英語與孩子閱讀，那孩子便能習得不同的語言。

 延伸閱讀

請翻至第55頁「第3章 親子閱讀導航」的「2 親子閱讀方式」，了解如何為孩子閱讀。

Q9 我可以同時為兩個不同年齡的孩子閱讀嗎？

我的答案是「可以」。不過，這需要一點技巧，還有一些需要注意的地方。

① 兩個孩子有共同的閱讀興趣

假如兩個孩子的喜好相同，父母自然容易安排他們一起閱讀。好像我的兒子和女兒都喜歡看《西遊記》，我便會與他們一起閱讀《西遊記》。父母也可觀察孩子間有否共同興趣，然後與他們閱讀該主題的圖書。我也會請兩個孩子一起選出一本圖書，讓我與他們一起閱讀。

② **兩個孩子的年齡差距不能太大**

不同年齡孩子的發展和需要都不同，假如父母勉強讓他們一起閱讀，或會感到很困難。父母可以想想，如果其中一個孩子是1歲多，另一個孩子是6歲，1歲的孩子喜歡把玩一些操作類圖書，或由父母以簡單語言講解書中的內容，也不一定順着頁數閱讀。然而，六歲的孩子需要一些故事性較強的圖書，也可跟父母討論一些較深入的問題。在這情況下，父母較難同時與這兩個孩子一起閱讀。如果父母真的想跟這兩個孩子一起閱讀，或者可以教導年紀較大的孩子與年紀較小的孩子閱讀，讓年紀較大的孩子學習做一個小老師。

③ **在閱讀時解釋詞語**

父母可以留意在介紹書本的內容時，特別解釋一些意思較深的詞語或概念，讓年紀較小的孩子也可以明白到書本的內容，這樣他才有興趣繼續閱讀下去。

④ **在閱讀時提問不同層次的問題**

父母可多些提問一些想像性、解釋性、推理性和明辨思維的問題，加強年紀較大的孩子的思考能力。例如，在閱讀《杜比學做大孩子》（新雅文化）時，讀到故事中的杜比當上哥哥後，需要學習照顧自己，便可問：「如果你是杜比，你會怎麼辦？」對於年紀較小的孩子，父母的問題可圍繞着相關的生活經驗或眼前的事物。例如：「你上次去公園是跟誰一起去呢？」讓孩子連繫書中的內容及生活的所見所聞。即使閱讀同一本圖書，父母也可彈性地透過不同層次的討論，跟孩子共讀。

延伸閱讀

請翻至第50頁「第3章 親子閱讀導航」，了解孩子在不同階段的閱讀需要、品種和策略。

Q10 孩子喜歡閱讀較淺易的圖書，又喜歡重複閱讀同一本圖書，怎麼辦呢？

父母認為孩子閱讀的圖書太淺易，可能是擔心這會拖慢孩子的閱讀發展和學習。父母也可能認為重複閱讀同一本圖書會影響孩子對不同題材的涉獵。

首先，書本是有建議的適讀年齡，但沒有絕對適合的年齡。例如：一些故事繪本，對象是小讀者，但是即使是成人讀起來，也覺得津津有味，因為書中的內容和深意能引起不同讀者的共鳴。在不同的年齡階段，讀起同一本書來，也會有不同的感受和體會。因此，父母不必太介意孩子閱讀一些大人認為不適合他們年齡的圖書。

此外，孩子有時閱讀該些圖書，可能是因為他們懷念以前跟父母閱讀的時光，或者他們閱讀這些圖書時，會想起一些開心的事，因此會重複看以前看過的書。

有時，孩子喜歡看一些淺易的書，可能是因為書中的圖畫吸引，或者是他們有信心讀懂這些比較淺易的圖書。其實，重複閱讀對孩子的語

言發展也有好處。當孩子要求重複閱讀同一本圖書時，父母也可以提問不同的問題，或每次以不同的方法演繹書中的內容。那麼，即使是看同一本圖書，孩子在每次閱讀時也可以有不同的學習和得着。

延伸閱讀

請翻至第172頁「第5章 閱讀旅程下一站……」，了解隨着孩子成長，如何伴隨他們在閱讀之路走下去。

第 2 章

啟動親子閱讀

——了解孩子的整體發展，
　為親子閱讀做準備

孩子從胎兒時期已開始發展，發展里程也有既定的先後次序。不過，先天因素和環境因素會影響着孩子的成長，因此每個孩子的成長步伐並不一樣。此外，孩子的各個發展範疇都是互為影響的。例如：孩子的語言發展會影響他的羣性和社交能力，孩子的認知能力也會影響語言發展。父母可參考本章的資料，了解孩子的發展里程，配合相應的教養重點，為親子閱讀做好準備。

1 為何親子閱讀？

我很喜歡汪培珽的《餵故事書長大的孩子》，這是我八年前至現在也一直重看再重看的一本書，每一次都會被它感動。作者在書中分享，只要父母願意唸故事書給孩子，孩子就一定能感受到父母的愛，父母在教養上也會容易得多，因為，大部分的人生道理，其實是可以在繪本故事中體會得到的。我跟孩子一起閱讀，是因為閱讀可以傳遞我對孩子的愛，讓書中溫馨感人的情節溫暖孩子的心，讓孩子知道世界上有很多值得珍惜的事物。當然親子閱讀對孩子的學習和成長都會帶來各種各樣的好處。

2 親子閱讀的好處

2.1 加強孩子的語言能力

親子閱讀對孩子的語言發展非常有利，因為：

① 孩子需要聆聽大量的詞彙

孩子在1-5歲時，每天平均學懂3.5個新詞。圖書不單談及眼前或即時情境下的事物，也會談及一些日常生活中、其他地方或國家、宇宙或幻想世界見到的事物，這些多元化的圖書能讓孩子涉獵不同的主題，自然可促進孩子的詞彙發展。

② **親子閱讀有較多機會誘發孩子的興趣**

兒童圖書中有很多細節是為孩子設計的,如一些小揭頁、特殊的質感、閃亮的文字和色彩鮮豔的插圖等,提供了一個最便利和容易的方法,誘發孩子的興趣,讓父母可以就此加以描述。孩子對有興趣的事物和相關的語言也較易有深刻的記憶。

③ **當詞語的意思顯而易見時,孩子最容易學到該詞語**

孩子需要重複聆聽一個詞語後,才可逐漸掌握該詞語的意思和用法。在兒童圖書中,特別是繪本中,很多時某些詞語和語句都是巧妙地重複出現,那就正好讓孩子聆聽多次。此外,插圖可以協助闡述書中的意思,因此對孩子來說,詞語和語句的意思都是顯而易見的,這就提供了學習語言的最好方式。

2.2 親子閱讀的其他好處

文學家林語堂曾說過:「不讀書的人思想狹窄,說話只會言之無物。」作家余秋雨也說過:「閱讀的最大理由是想擺脫平庸。一個人如果在青年時間就開始平庸,那麼今後要擺脫平庸就十分困難。」古今中外,有關閱讀的金句可真不少啊!那麼,親子閱讀除了可以加強孩子的語言能力、促進語言發展外,還有以下不少好處呢!

★ 開啟孩子欣賞文學之門,讓孩子欣賞文字的美感和意境。

★ 讓孩子在書本中得到消閒娛樂,體驗快樂。

★ 啟發孩子尋求知識的興趣。

★　豐富孩子的知識。

★　加強孩子的看圖能力。

★　提高孩子的觀察能力。

★　豐富孩子的想像力。

★　培養孩子的同理心和同情心。

★　確立孩子正確的人生態度。

★　讓孩子學習欣賞藝術。

　　父母與孩子一起閱讀，就可以把握那通往快樂和智慧的鑰匙了。

3 孩子的全人發展

在本章中，父母可以先了解孩子在不同階段的成長里程，然後初步了解孩子的閱讀需要，再參考第3章的內容深入了解孩子在各階段的閱讀發展、閱讀策略和選書建議。父母也可參考第4章的內容，以圖書作起步，延伸出不同的活動，促進孩子在以下各個範疇的發展。

① 認知

認知能力是孩子的思考和思維建構的能力。孩子通過知覺、想像或判斷等心理活動來獲取知識，建構思維能力，從而作出思考。

② 語言

語言能力包括語言理解、語言表達和語言運用的能力，意思是孩子理解説話、表達想法，以及運用語言達到不同的溝通目的，如發問、要求、拒絕、澄清、評論、分享等能力。

③ 大肌肉和小肌肉

是指孩子的基礎動作能力，用以穩定、移動和操控身體。

★ 大肌肉：
- 穩定性：伸展、捲縮、扭轉、彎曲、滾翻、躲避、平衡、翻轉、推拉等。
- 移動性：走、跑、跳、急馳步（急速的踏併步）、滑步、彈跳、跑步等。
- 操控性：投、接、打擊、踢球、停球等。

★ 小肌肉：運用手部精細動作的能力，如：扣鈕、書寫、疊積木、剪
　　紙等。

④ **自理**

即是自我照顧的能力，主要包括進食、穿衣、梳洗和如廁等能力。

⑤ **羣性和社交**

是指孩子與人相處和融入羣體的能力。

⑥ **專注力**

是一種能接收外界刺激，然後做出反應的能力。它可以分為以下幾
項：

★ 集中性注意力：指孩子能把注意力集中到目標的事物上。例如，孩
　　子現在計劃看圖書，他就會把注意力聚焦在當下的
　　活動中。

★ 選擇性注意力：指孩子能把注意力集中在當下的活動，即使身邊有
　　其他事物分心，他都會聚焦目前的活動上。例如：
　　孩子現在正在看書，即使身邊有別人交談的聲音或
　　汽車經過的聲音，他都會繼續把注意力集中在看書
　　上。

★ 持續性注意力：指孩子能把注意力集中在目標的活動上一段時間。
　　例如：孩子能持續地看書十五分鐘。

★ 轉換性注意力：指孩子能否把注意力轉移到另一活動上，完成該活
　　動後，又把注意力轉回之前的活動上。例如：孩子

正在看圖書，媽媽請孩子把水喝掉，孩子喝水後，又繼續看書。

★ 分散性注意力：是指孩子能否一邊專注於一件事上，同時又專注在另一件事上，即是一心二用的能力。例如：孩子一邊聽父母講解圖書的內容，一邊畫出自己喜歡的角色。

4 0—6歲孩子的發展

孩子從胎兒時期已開始發展，發展里程也有既定的先後次序。不過，先天因素和環境因素會影響着孩子的成長，因此每個孩子的成長步伐並不一樣。此外，孩子的各個發展範疇都是互為影響的。例如：孩子的語言發展會影響他的羣性和社交能力，孩子的認知能力也會影響語言發展。父母可參考以下資料，了解孩子的發展里程，配合相應的教養重點，為親子閱讀做好準備。如父母對孩子的發展情況有疑問，請咨詢兒科醫生和相關的專業人士，以便作出適切的跟進。

4.1 0—1歲孩子的發展

孩子一出生，需要不同的反射動作協助生存。例如，當物件觸及孩子口腔時，自然會引起吮吸反應，這樣孩子就能吮吸到乳汁，得到所需要的營養了。至6個月時，反射動作會減退，孩子開始學習自主地控

制身體，動作會更具目的。在這階段，孩子學習與環境和身邊的事物互動，並開始說出第一個單詞和踏出第一步。

① **發展概況**

認知	• 能識別出照顧者 • 操作物件時明白簡單的因果關係，如按掣會發出聲音	• 期待事情按已知的先後次序發生 • 明白物件即使是不見了，也不會消失的	• 會以掉、扔、敲物件等方式探索物件 • 開始記得日常生活的流程，如吃飯之後會抹嘴
語言	• 對別人的說話有反應 • 對自己的名字有反應 • 逐漸明白「不」的意思	• 逐漸以動作和發聲表達自己 • 開始憑着對環境的理解，理解簡單的指示和常用的物件名稱	• 從發出單音，到一連串的聲音和1、2個單詞
大肌肉	• 頭能轉向聲源 • 伸手觸摸發聲或移動中的玩具	• 逐漸學會翻身、坐好、爬行和站立 • 在扶持下開始走路	• 自如地轉動身體拾取兩旁的物件
小肌肉	• 眼睛追視移動的物件 • 逐漸學會用食指按壓物件，如：按鈕	• 逐漸學會用拇指和食指指尖鉗取物件 • 能把物件放入容器中再倒出來	
專注力	• 當有外來刺激時，會即時分心		
自理	• 會用手拿物件放進嘴裏	• 替他更衣時，會合作地伸出手腳來	
羣性和社交	• 展現社交微笑 • 在別人說話後發聲回應，開展一來一往的互動	• 能共同留意同一個物件 • 以手勢或眼神跟別人分享有興趣的事物	• 開始與別人一來一往的玩耍，如：推球

② **教養建議**

★ 跟孩子玩富溝通性的遊戲，如：「躲貓貓」或「煮飯仔」。

★ 以簡單的語句和豐富的詞彙與孩子溝通和介紹眼前的事物。

★ 以表情和動作配合說話，加強孩子的理解。

★ 以親切的回應和鼓勵回應孩子的溝通。

★ 鼓勵孩子在看管下四處活動，讓他到處爬行或扶着家具四處走動。

★ 帶孩子到公園玩，讓他觀察、接觸其他成人和小孩。

★ 讓孩子推着負重的塑膠車或平穩的椅子練習步行和平衡。

★ 在父母看管下讓孩子自己用手把食物放進嘴裏。

★ 合適的玩具：簡單的按掣或發聲玩具、玩偶、皮球、車子。

③ **閱讀建議**

讓孩子自由探索圖書，採取以「孩子主導的閱讀方式」閱讀。

 延伸閱讀

請翻至第56頁，閱讀「第3章 親子閱讀導航」的「2.1 孩子主導的閱讀方式」。

4.2 1—2歲孩子的發展

隨着孩子學會走路，孩子能更自主地探索環境，他們比以往需要更多的體能活動以促進發展。他們變得比以往獨立，對身邊的事物非常好

奇，因而可能故意做出一些行為測試事件的結果，這或會令父母認為孩子是在故意對抗。孩子也因為對事物的好奇而表現出不顧危險，父母需要加倍留意孩子的安全。孩子對別人的說話開始非常留意，也喜歡模仿別人的說話。

① 發展概況

認知	• 把1至2塊形狀配對至形狀箱子的孔內 • 開始把物件按形狀和大小分類	• 開始配對顏色、形狀、物品和大小 • 嘗試解決眼前的簡單問題，如取小椅子拿高處的物件	• 進行簡單假想遊戲，起初會以自己為對象，如拿玩具梳替自己梳頭，後來會以玩具梳替布偶梳頭
語言	• 在展示幾個物件時，能指出常見物件的功用：「邊樣用來刷牙架？」 • 開始不需要環境的提示，便能理解簡單的一個步驟指令，如：「擺碗喺枱」	• 在1歲半左右，會出現「詞語爆發」，孩子學習詞語的速度會更快 • 開始以詞語和簡單詞組表達，如：食蘋果	
大肌肉	• 自行爬上和爬落樓梯 • 站立時能彎身拾物件	• 能保持蹲的動作30秒 • 能穩定地向前步行	
小肌肉	• 把2塊積木疊起 • 套起2個圓形杯	• 用任何握筆方法以蠟筆在紙上塗鴉	• 雙手把物件拉開，如泥膠
專注力	• 主動地看着正在發生的事情和有關的人物	• 對感興趣的事物，可以持續地玩7分鐘左右	• 只能專注在一個活動上，未能一心二用
自理	• 嘗試用湯匙進食 • 開始咀嚼固體食物 • 能用杯子喝水	• 開始表達如廁需要，如：以聲音或動作表達 • 能用飲管吸啜飲品	• 雙手拉下褲子脫褲

羣性和社交	• 通常比較自我中心 • 能望向成人指着的地方 • 模仿成人或較年長孩子的行為，如抹桌子	• 在成人提示下與別人打招呼 • 在接近兩歲時能與人進行簡單的互動遊戲

② **教養建議**

★ 在安全的環境和成人的引導下，讓孩子自由自在地探索。

★ 多帶孩子到公園，學習玩不同的設施，鍛煉體能。

★ 在日常生活中以完整的句子和豐富的語句描述眼前的事物。

★ 避免發問過多問題。

★ 進行簡單假想遊戲，如以香蕉作電話或以積木扮作火車。

★ 讓孩子學習簡單的收拾。

★ 引導孩子運用簡單的工具，如以餐刀塗麵包或以毛巾抹桌子。

★ 進行簡單塗鴉和手指畫活動，加強手指的靈活度。

★ 初步學習如廁技巧。

★ 合適的玩具：形狀配對玩具箱、粗蠟筆、積木、煮飯仔、玩具電話。

③ **閱讀建議**

讓孩子拿書揭書，閱讀內容簡單、字句少的圖書，採取「孩子主導的閱讀方式」閱讀。

延伸閱讀

請翻至第56頁，閱讀「第3章　親子閱讀導航」的「2.1　孩子主導的閱讀方式」。

4.3 2—3歲孩子的發展

　　對比體能，孩子在這階段的認知、語言和社交等發展會更急速和明顯。對比以往，孩子更明白父母的説話和解釋的道理。然而，由於孩子有時需要測試自己的能力和自主權，他們會故意挑戰一些底線。父母需要耐心地引導孩子學習正確的行為。另一方面，他們已開始運用句子，所表達的事物會越來越多。

① **發展概況**

認知	• 能配對物件與圖片 • 能完成3-5塊的拼圖	• 開始明白「1」和「2」的意思 • 能數出1至3	• 能注意到物件的細節 • 開始玩較複雜的假想遊戲，如：扮演看醫生
語言	• 能明白簡單的指示，如：「擺襪去籃度」、「去房度拎張櫈」 • 能明白簡單的形容詞，如：大/小、乾淨/污糟	• 回答並開始發問簡單問題，如：「什麼？」、「誰？」、「哪裏？」等問題 • 能運用簡單句子表達，如：「我要蘋果」、「擺喺房」、「我俾蘋果爸爸」	

大肌肉	• 能自如地步行及同時拖和推物件，或向後踏步 • 上樓梯級兩步一級，起初需要扶持到後來能做到 • 能從一級上跳下 • 初期擲球並未有方向感，後來能投在面前的籃子裏	• 玩腳踏車時，能用腳着地推車前進，期末能用手控制方向 • 踢球像行近蹤球，後會慢慢地像樣 • 向前跳4吋及保持平衡 • 雙腳從4吋高平台跳下	• 自行兩步一級上落樓梯
小肌肉	• 能拆開包裝糖果的紙張 • 能擰開瓶蓋 • 能疊起積木	• 能用繩穿大珠 • 能仿畫橫線、直線、圓形	• 開始摺紙和用剪刀 • 能搓、搯、擠、壓和拉泥膠
專注力	• 只能專注在一個活動上，未能一心二用	• 能在聽完別人的說話後，重新返回活動上	
自理	• 能表示如廁需要 • 能在提示下自行安坐便盆如廁	• 能脫下簡單衣物，如脫上衣和鞋襪 • 自行以匙子從碗中舀食物進食	• 自行用杯進飲而不弄瀉
羣性和社交	• 只能個別玩玩具，未懂分享 • 在成人引導下能輪流玩耍 • 有時喜歡說「不」	• 容易鬧脾氣和容易妒忌 • 喜歡跟從事件的常規，不喜歡常規被擾亂 • 喜歡被人稱讚	• 對物件有自己的喜惡 • 在成人示範下做簡單家務，如：收拾玩具 • 辨認社區設施，如：港鐵站和便利店

② 教養建議

★ 明確地說出規限，如：「這個玩具要一起玩」，而不是「一齊玩好不好？」

★ 容許孩子在規限中選擇，如：「我們可以選這兩件衣服的其中一件。」

★ 描述孩子的感受，容許他們以合適的方法（如：哭泣）表達情緒。

★ 多描述物件的細節，如：「這裏有隻小蜜蜂，蜜蜂尾後面有一枝針。」

★ 以完整的句子與孩子溝通，簡單說明事物的原因，如：「我們要吃飯，吃完飯要出去玩。」

★ 發問問題時，如孩子未懂回答，可以說出正確的答案予孩子聽。

★ 鼓勵孩子以完整句子溝通。

★ 讓孩子多練習體能，如多學習跳動。

★ 讓孩子以杯子喝水和飲品，盡量不要用奶瓶。

★ 讓孩子收拾物件，鼓勵孩子參與簡單家務。

③ **閱讀建議**

讓孩子閱讀和生活情境有關的圖書，採用「孩子主導的閱讀方式」或「對話式閱讀」與孩子閱讀。

 延伸閱讀

請翻至第56頁及61頁，分別閱讀「第3章 親子閱讀導航」的「2.1 孩子主導的閱讀方式」和「2.2 適合幼兒階段的閱讀方式：對話式閱讀」。

4.4 3—4歲孩子的發展

　　孩子在這階段學會更多獨立自理的能力，他們可以獨立完成生活上一些差事。孩子可能會入讀幼稚園，這些基本的能力讓他們在幼稚園中愉快地生活。孩子開始發問，對事物充滿好奇和探索精神，喜歡尋根究底。他們開始明白事件發生的先後次序。

① 發展概況

認知	• 辨別出男和女 • 能完成6塊拼圖 • 能比較物件的長短、粗幼及軟硬 • 能辨認及指出大約4種顏色	• 能指認簡單形狀，如：長方形、三角形 • 能把常用物件分類，如食物或衣服 • 知道自己的簡單個人資料，如：姓名、年齡和居住的地方	• 能數出1至10 • 明白簡單的空間位置，如：「上」和「下」的意思
語言	• 能理解不同的形容詞，如：顏色詞和位置詞 • 明白類別的名稱，如：水果、動物 • 說話時，能適當地配合動作、聲量和語調	• 能回答「為什麼」問題 • 能以完整和清晰的句子表達 • 開始運用代名詞「你」和「我」	• 開始運用連接詞，如：「同埋」和「但係」 • 發問不同的問題，喜歡追問事情 • 會留心聽故事，並且要求成人重複說自己喜歡的故事
大肌肉	• 能一步一步上樓梯 • 能自行上攀登架和滑梯 • 能沿足印或線踏步	• 雙腳交踏坐着 • 能踢向一個慢慢而來的大球	• 能用手接着拋向自己的球 • 能利用腳踏前進和用手駕駛單車
小肌肉	• 能擰緊瓶蓋 • 能疊高10塊或以上的積木 • 開始執筆塗鴉	• 能畫十字和斜線 • 能用剪刀剪紙條 • 能自行塗膠水	• 雙手運用扣大粒鈕扣

專注力	• 能安坐聽故事	• 較自如地把專注力從一項目轉移至另一項目上	• 能維持專注力約13分鐘
自理	• 能熟練地以匙子進食 • 能捧壺倒水 • 在進食後抹嘴	• 在日間自行如廁 • 如廁後洗手 • 自行穿脫褲子	• 自行穿鬆身外套 • 掛好衣服
羣性和社交	• 獨自玩玩具，不需要成人陪伴 • 喜歡參加成人領導的遊戲	• 了解物件是屬於自己還是別人的 • 開始懂得與人分享 • 能說「多謝」和「唔該」	• 開始喜歡外出，認識四周的人和事物 • 明白別人情緒的可能原因，如哥哥有雪糕吃會開心

② **教養建議**

★ 親子話題由即時情境逐步延伸至非眼前的事物，如談及過去或將會發生的事情。

★ 説出2-3個步驟的指示，請孩子完成。

★ 父母耐心地回答孩子的不同提問。

★ 介紹事物時，多從不同角度形容和描述，如從物件的外觀、用途、購買的地方等介紹物件。

★ 父母多説明別人情緒的相關原因，如：「他沒有雪糕可以吃，所以不開心。」

★ 讓孩子多介紹日常程序，如：上學前要準備什麼，以學習串連句子。

★ 多玩手偶玩具，請孩子扮演不同的角色。

★ 多玩穿線及穿珠的玩具。

★ 讓孩子協助不同的家務，尤其是把物件分類。

★ 學習踏有輔助輪的單車。

③ **閱讀建議**

鼓勵孩子盡量看完一本書，多透過圖書思考事情發生的原因，靈活運用3個不同的閱讀方式：孩子主導的閱讀方式、對話式閱讀、傳統朗讀圖書方式。

延伸閱讀

請翻至第56頁、61頁及66頁，分別閱讀「第3章 親子閱讀導航」的「2.1 孩子主導的閱讀方式」、「2.2 適合幼兒階段的閱讀方式：對話式閱讀」和「2.3 適合具相當閱讀經驗的孩子：傳統朗讀圖書方式」。

4.5 4—5歲孩子的發展

孩子的活動能力比以往更高，喜歡與人互動交流，也能遵守一些社交規則和遊戲的規則。他們比以往更能明白別人的感受和行為的意圖，喜歡與其他孩子一起玩。他們已掌握基本溝通表達的技巧。他們喜歡想像不同的情境，投入在故事情境中。

① 發展概況

認知	• 可拼砌8塊拼圖 • 能取出10以內的物件數量 • 對速度，如「快」和「慢」有初步的認識	• 明白「前」、「後」的意思 • 能指出事物中不合理的地方 • 能在不同的物件中找出類別最不同的一個	• 能辨認常見的符號，如：交通標誌和商店招牌
語言	• 對時間有初步理解，能說出早、午、晚發生的事情 • 可以聆聽3個步驟的指示 • 能描述想法，如運用「不知道」、「記得」和「覺得」	• 能理解和描述感受，如：傷心、害怕 • 能運用不同的形容詞，如：質感、味道、位置等 • 能運用更多的複句，如：「因為……所以……」、「如果……就……」	• 大部分時間下能準確地發音
大肌肉	• 連續向前、向後和單腳跳 • 可以邊跑邊跳	• 跑步時可彎腰拾物 • 能拋接豆袋	• 能擲小球 • 靈活地玩滑梯或攀爬架
小肌肉	• 能穿小珠鏈 • 雙手拼合較緊的物件，如樂高積木	• 能畫正方形 • 能繪畫簡單圖畫	• 可繪畫出一個有身體、四肢和五官的人
專注力	• 可以持續專注於一個活動約15分鐘	• 開始能一心二用，如一邊聆聽老師的指示，一邊完成習作	
自理	• 晚上能起牀如廁，不再遺尿 • 能自行抹鼻子	• 粗略地擰乾毛巾 • 用牙刷刷牙及用清水漱口	• 以筷子「扒」食物或夾食物
羣性和社交	• 傳達簡單口訊 • 開始能與人一來一往的交談	• 在遊戲中作角色扮演 • 與別人輪流玩有規則的遊戲	

② **教養建議**

★ 鼓勵孩子以有條理的句子表達。

★ 鼓勵孩子多與不同的人分享生活點滴。

★ 鼓勵孩子多描述不同的程序，如放學後做了什麼。

★ 多與孩子玩簡單猜謎語遊戲，加強綜合資料理解和分析的能力。

★ 讓孩子學習照顧自己，如學習洗澡。

★ 學習仿畫簡單的物件。

★ 執筆畫不同的線條。

★ 學習不同的球類，鍛煉體能以及遵守相關的規則。

③ **閱讀建議**

多閱讀有關人物感受的故事，嘗試推敲故事內容和結局，主要以
「對話式閱讀」和「傳統朗讀圖畫方式」與孩子看故事，有需要仍可運
用「孩子主導的閱讀方法」。

延伸閱讀

請翻至第56頁、61頁及66頁，分別閱讀「第3章 親子
閱讀導航」的「2.1 孩子主導的閱讀方式」、「2.2 適
合幼兒階段的閱讀方式：對話式閱讀」和「2.3 適合具
相當閱讀經驗的孩子：傳統朗讀圖書方式」。

4.6 5—6歲孩子的發展

孩子的精力旺盛，喜歡四處跑跳。隨着孩子的語言能力和認知能力的發展，他們開始能控制自己的行為，讓自己與別人的相處愉快。孩子喜歡理解身邊的人和事。在這階段，孩子已大致能與父母流暢地交談。

① **發展概況**

認知	• 開始對日曆和時間有認識 • 排列大小和高矮	• 以數手指方式來計算5以內的加或減法 • 明白「一個」或「半個」的意思	• 讀出數十個常見的字詞 • 畫出簡單的人或物件圖畫
語言	• 明白笑話和相反詞 • 能掌握成人的句式	• 能說簡單故事 • 能分享生活事件	• 能貼題互動交談 • 展現不同的溝通功能，如發問、解釋、澄清
大肌肉	• 一步一級交替上落樓梯 • 爬繩梯	• 盪鞦韆時，可自行搖盪 • 單腳站立10秒並保持身體穩定	• 單腳連續向前跳 • 左右手連續拍球
小肌肉	• 把小豆放進樽內 • 在指定範圍內填色 • 在2cm的方格內寫字 • 玩紙上迷宮遊戲	• 抄寫數字和簡單中英文字 • 用直尺畫線 • 把紙摺成一半再一半 • 剪出圓形和不規則圖案	• 用筆刨刨筆 • 能運用橡皮 • 能穿鞋帶
專注力	• 可以在活動中專注15至20分鐘	• 能綜合視覺、聽覺以及觸覺接受的資料	• 專注力發展已初步完善
自理	• 分辨衣物的前後、底面和左右 • 大便後自行用紙巾清潔	• 自行洗澡 • 用梳子梳頭	• 自行塗抹潤膚露 • 簡單整理自己的枕頭和被鋪

羣性和社交	• 開始選擇玩伴	• 舉手示意參與	• 能參與較複雜的假想遊戲，如扮演太空人
	• 參與活動時保持安靜	• 能玩棋類遊戲	

② **教養建議**

★ 父母以清晰的說話與孩子溝通。

★ 在沒有書本的協助下多聆聽不同的故事，加強聆聽記憶。

★ 多讓孩子學習解決問題，如問路、問對方借物件。

★ 鼓勵孩子幫忙完成家務，可以是幾個步驟的指示。

★ 多請孩子幫忙計數，如簡單的金錢找贖。

★ 讓孩子戴手錶，學習看時間，加強時間觀念。

★ 多運用不同的簡單工具，如剪刀和筆刨。

③ **閱讀建議**

多與孩子閱讀具豐富情節的故事書，鼓勵孩子自創故事，靈活地以「對話式閱讀」和「傳統朗讀圖書方式」與孩子閱讀。如有需要，可運用「孩子的主導閱讀方式」進行親子閱讀。

📖 **延伸閱讀**

請翻至第56頁、61頁及66頁，分別閱讀「第3章 親子閱讀導航」的「2.1 孩子主導的閱讀方式」、「2.2 適合幼兒階段的閱讀方式：對話式閱讀」和「2.3. 適合具相當閱讀經驗的孩子：傳統朗讀圖書方式」。

第3章

親子閱讀導航

——了解孩子的閱讀發展，
　　選擇適合的品種和閱讀策略

在 8 歲之前，孩子是處於學習閱讀（learning to read）的階段，之後才漸漸進入以閱讀學習（reading to learn）的階段。也就是說，孩子在 8 歲以前，主要是從閱讀中學習閱讀的技巧，讓自己可以流暢地閱讀及理解文字的意思。到了 9 歲或以後，孩子會藉着閱讀學習，他們閱讀的主要目的是為了學習各個領域的知識或為了興趣。從以上閱讀發展的階段中，再一次證明了父母在孩子學習閱讀上扮演着非常重要的角色，特別是在學前階段和初小階段。本章將會介紹 3 種親子閱讀方式，再仔細地介紹 0-6 歲的分齡閱讀需要、品種和閱讀策略。

1 閱讀能力的發展

還記得孩子出生時只有一個暖水壺那麼大嗎？在出生後的短短6年間，孩子的高度已從一個「暖水壺」長到父母的胸口了。其實，不只是孩子的體形，孩子的閱讀能力也在這短短6年間急促發展。根據美國哈佛大學心理學家夏爾（Jeanne Chall）的研究和觀察，她把閱讀分為6個發展迅速的階段：

階段⓪：前閱讀階段（Pre-reading）／ 假裝閱讀階段（Pseudo-reading Stage）（0-6歲）

在這個階段，孩子還未懂得閱讀。然而，他們的表現，往往會令人認為他們已懂得閱讀。例如，他們會拿着書本，口中唸唸有詞，好像在認真地讀書，其實他們只是複述以往聽過的內容。在這個階段，孩子對書中的圖畫表現興趣，但他們只認識少量文字，他們的口語溝通能力明顯地比閱讀能力高。換句話說，孩子在出生後的首六年，主要需要閱讀圖畫書，特別是故事繪本。父母可利用書中的圖畫引起孩子的閱讀興趣，引導他們觀察圖畫並推敲書中的內容，藉此學習文字和閱讀技巧。在這階段，孩子非常需要父母與他們一起閱讀。

階段①：解碼期（Decoding Stage）／ 閱讀新手的階段（Novice Reading Stage）（6-7歲）

孩子入讀小學後，會學習到大量字詞，並需要大量地認識和寫出字詞。這時，孩子已能明白到語音與文字的對應關係，知道文字是有對應的發音，也明白到書面語和口語的關係。孩子學會閱讀大量新詞，因此能初步閱讀包含熟悉詞彙的圖書。閱讀能力較好的孩子在這個階段的後期已經可以獨立閱讀了。即使如此，孩子仍然非常需要父母與他們一起閱讀，誘導他們認識書中的文字、理解文字的深層意思，並進一步加強閱讀技巧。在這階段，孩子仍然享受親子閱讀的時光。

階段②：流暢期（Conformation And Fluency Stage）（7-8歲）

在這個階段，孩子可以很流暢而輕易地閱讀簡單和熟悉的繪本故事或文章。他們閱讀的題材和書種越來越廣，不限於圖畫故事，有關科學、地理、歷史、文化、數學等的圖書也會閱讀。孩子累積的詞彙及詞彙知識越來越多，識字量也大為增加。在這個階段中，孩子的口語理解能力仍然是比閱讀能力好。此外，普遍孩子仍是喜歡父母與自己閱讀。

階段③：閱讀新知期（Reading For Learning The New）（9-13歲）

孩子已經能夠利用書本中所學到的概念來建立新的知識，也能夠從不同的角度來看事情。他們除了閱讀繪本和圖書之外，也會看其他的讀物，如小說、報紙、雜誌等。他們不只能夠了解文章的意思，也能就閱讀的內容進行討論、提問和寫作等。在這個階段的前期，孩子口語的理解仍然比文字的理解成熟。到了這階段的後期，兩者之間的能力和表

現已可能大致相等了，部分孩子的閱讀能力甚至可能比口語理解能力更好。在這個階段，孩子在自行閱讀上越來越得心應手。父母可以開始放手讓孩子自行閱讀了。當然，父母仍可在閱讀上隨時協助孩子。

階段④：多元觀點期（Multiple Viewpoints Stage）（13-18歲）

在這個階段，孩子已是少年人了，他們能暢順自如地理解文字的內容，甚少需要費力地解碼。在閱讀時，孩子已能一邊理解文字，一邊思考當中的內容。此外，他們也能監控理解，即是能自我監察自己對文章的內容有多少理解。孩子會根據自己理解的程度決定是否需要提問或尋求別人幫助。孩子也會就不能理解的部分反覆思考。此時，孩子會持續地閱讀不同領域的書本，包括：物理、生物、歷史、地理等，也會閱讀小說，有系統地吸收多元知識。在這階段，他們的閱讀理解能力有機會比口語理解能力更好。

階段⑤：建構和重建期（Construction And Reconstruction Stage）（18歲以上）

孩子到了大學階段，已經是為了自己的興趣和需要而閱讀了。在閱讀時，孩子會有明確的目標，也會自我提問並以書中的內容來解答自己的問題，藉此加強自己對主題的理解。孩子能夠整合自己現有的知識和書本的新知識，在分析之後產生新的知識和觀點，他們已成為具獨立批判能力的讀者了。正因如此，這個階段的孩子閱讀快速且有效。能力較高者可以使用閱讀策略，成為熟練的閱讀者。閱讀已成為部分人的習慣了。此時閱讀理解能力可能已遠勝於口語理解能力。

在階段2或以前，孩子是處於學習閱讀（learning to read）的階段，而在階段3及以後，孩子就漸漸進入以閱讀學習（reading to learn）的階段了，即是功能性閱讀的階段。也就是説，孩子在八歲以前，主要是從閱讀中學習閱讀的技巧，讓自己可以流暢地閱讀及理解文字的意思。到了9歲或以後，孩子會藉着閱讀學習，他們閱讀的主要目的是為了學習各個領域的知識，當然也可以是為了興趣。從以上閱讀發展的階段中，再一次證明了父母在孩子學習閱讀上扮演着非常重要的角色，特別是在學前階段和初小階段。

接下來，我會講解3種親子閱讀方式，再仔細地介紹0-6歲的分齡閱讀需要，以及在每個年齡階段的閱讀策略，希望父母們可以更有把握地引導孩子閱讀。

② 親子閱讀方式

在開始親子閱讀前，我也經歷着與父母們相同的考量，包括：我該照本宣科的朗讀，還是天馬行空地創作呢？我如何利用書本的內容進行親子溝通？孩子需要跟頁數讀完整本書嗎？如何鼓勵孩子説故事？⋯⋯綜合了這9年當媽媽的經驗和言語治療師的專業，我發現不同的閱讀方式確實對孩子有不同好處。父母選擇閱讀方式時，要考慮孩子的年齡、語言能力、閱讀興趣與閱讀能力，也需要看看哪一個方式讓父母感到有信心和自然。在以下部分，我會以孫慧玲的繪本《我才不要剪頭髮》（新雅文化）作為例子，跟父母介紹3種親子閱讀方式，讓父母們可以靈活地選取，然後加以運用。

	書　　　名：我才不要剪頭髮 作　　　者：孫慧玲 出 版 社：新雅文化 適讀年齡：0-3歲 簡　　　介：小青蛙國國有一位好朋友——小花豹熙熙。熙熙一直很害怕剪頭髮，每次聽到剪刀「唰唰唰」的聲音便會緊張起來。這一次，熙熙要上理髮店了！國國陪伴着他。這對好朋友在理髮店遇到什麼奇妙的事情，讓他們覺得剪頭髮原來很有趣，不再抗拒剪頭髮呢？

2.1 孩子主導的閱讀方式

① 理念

這方式是由擁有超過40年家長培訓經驗，提倡以孩子為本的加拿大Hanen中心提出的。孩子的興趣是他們最大的學習和溝通動力，因此在閱讀時，父母需要以孩子的興趣作主導和考慮。父母需要時刻留意和思考着孩子的反應，按孩子的興趣描述和交流，不能只按書本內容説話。

② 目的

發展孩子的閱讀興趣，啟導孩子開始閱讀，藉書本促進孩子溝通的動機和語言能力。

③ 對象

在嬰幼兒階段（由未懂説話至可以對答如流的階段）、未有閱讀經驗、初接觸圖書、未有閱讀習慣，或需要在閱讀中加強親子溝通和提升口語能力的孩子。

④ **實踐步驟**

1. 跟從孩子的興趣選擇圖書:

  孩子從圖書角中選書,或是父母在每次的閱讀前挑選幾本合適的圖書放在孩子面前,讓孩子選擇想要看的圖書。

2. 讓孩子與你面對面坐着閱讀:

  父母最好與孩子面對面或以「L」形方向坐着看書,那父母就能隨時留意到孩子的視線焦點,然後因應孩子的興趣和需要調節與孩子閱讀的內容和方法。這樣比與孩子肩並肩閱讀或是從孩子後面摟着孩子閱讀更容易觀察到孩子的表情,也可以即時與孩子作面對面的交流。

3. 讓孩子拿着圖書和翻頁:

  父母讓孩子拿着圖書及翻書,可以讓孩子決定閱讀的頁數和步伐。

4. 按孩子的興趣和語言能力，靈活地介紹書中的內容：

父母觀察孩子的視線焦點，描述書中的內容，以豐富孩子對事物的理解和認識，讓他們建構更多概念和詞彙。此外，描述的語句比問題更能誘發孩子模仿説話、發問和加入父母的話題。

5. 運用合適的語句與孩子溝通：

父母需要按孩子的語言能力，運用合適的語句與孩子溝通。例如：孩子只是剛開始説單詞，父母就需要運用簡單的句子説故事。以《我才不要剪頭髮》第7頁為例，情境是熙熙的媽媽正在替熙熙剪頭髮，父母可以説：「熙熙要剪頭髮。媽媽幫熙熙剪頭髮。熙熙好驚呀！」相反，假如孩子已懂得說出連串的句子，父母可以運用複句描述故事內容或多講解故事中較深層的內容。例如父母可以説：「熙熙的媽媽替熙熙剪頭髮。熙熙因為聽到剪刀發出的聲音，所以非常害怕。不過，即使熙熙感到害怕，他仍是乖乖的坐着。嗯！熙熙是個很合作的孩子呀！」

《我才不要剪頭髮》第7頁

6. 配合生動活潑的語調和豐富的表情動作：

父母需要運用生動活潑的語調，加上豐富的表情和動作等，吸引孩子的注意和溝通。很多時，孩子都是傾向模仿語調誇張的語句。

7. 不必要求孩子順序閱讀圖書：

孩子不一定是順着頁數看書。
例如，孩子在看到媽媽替熙熙
剪頭髮後（第7頁），本來是應
該翻到下一頁（第8頁），即是
媽媽請熙熙不要動。可是，孩
子卻跳了幾頁，翻到了理髮師
正在替熙熙理髮的那一頁（第
13頁）。這時，父母不需要求
孩子讀回跳了的頁數，反而可
順應孩子的選擇介紹理髮師幫
熙熙圍上理髮兜剪髮的情境。

《我才不要剪頭髮》第13頁

8. 合埋地提出提問：

對於年幼的孩子，父母需要減少提問，因為當孩子未能回答父母的
提問時，提問可能阻礙了親子溝通。對所有的孩子來說，父母都需
要避免以提問去檢視孩子理解一些概念或是否明白書本的內容。例
如：「熙熙的衣服是什麼顏色？」或「我們會到哪裏去剪頭髮？」因
為這類提問會減少孩子閱讀的興趣。即使是提問，也需要發問能引
起孩子延續溝通的問題。

9. 可運用口語説故事：

在與孩子閱讀初起步的階段，父母可運用口語説故事，這樣會令孩
子更容易明白書本的內容，較容易引起孩子閱讀的興趣。

10. 在說話間等候孩子的回應，並立即回應和延伸孩子的任何溝通：

等候可以讓孩子有機會加入父母的話題，也可以讓孩子組織和思考說話，加強孩子主動溝通。父母在等候期間，需細心聆聽孩子的說話和觀察孩子的一舉一動，即時作出反應。例如，父母在第8頁中說了：「媽媽幫熙熙剪頭髮」後就停一停，孩子隨即指向書中的剪刀。父母就可以即時說出：「對呀！剪刀可以用來剪頭髮的呀！」，以回應孩子剛才的手勢表達。如果孩子是以詞語或短句表達，如在第10頁中說：「熙熙放學」，父母就可以說：「媽媽接熙熙放學」，便可以延伸孩子的語句了。

《我才不要剪頭髮》第8頁及第10頁

11. 容許孩子重複閱讀：

父母不需要擔心孩子重複閱讀會令他們對知識的吸收少了。相反，

從重複閱讀中，孩子會更深入地理解到父母說話的內容，也建立了對書本的親切感，這會讓孩子更有信心地閱讀，以及把閱讀的內容與其他人分享。此外，父母每次跟孩子閱讀同一本圖書時，也可運用不同方式描述書中的內容，那孩子每次就可以學到不同的詞彙和語句了。

2.2 適合幼兒階段的閱讀方式：對話式閱讀

① 理念

「對話式閱讀」由美國心理學家Grover Whitehurst提出，此方式着重孩子在聆聽故事的過程中多講多參與。孩子可以自由地表達自己的想法，父母則專心地聆聽。透過父母一邊提問孩子，一邊回應並整合孩子的表達，刺激孩子的語言發展。孩子不再是傳統閱讀模式中被動的聽故事者，此閱讀法着重口語對答，而不會聚焦在認讀和書面文字理解上。

② 目的

讓孩子在閱讀中發展口語能力，提升孩子閱讀的主動性，並不着重認讀文字和考核孩子對書中內容的理解。

③ 對象

能說話（最好有簡單對話能力）、希望藉閱讀加強說話能力、需要建立閱讀興趣和閱讀能力的孩子。對話式閱讀在孩子的成長中是越早開始越好，可以在孩子開始運用簡單說話時便用，以至小學生也可以運用這個閱讀方式。

④ **實踐步驟**

1. 父母或孩子選擇合適的圖書。

2. 父母與孩子觀察書中的封面，大家猜一猜書中的內容，然後開始閱讀。

3. 父母與孩子順着書本的頁數，透過「PEER」的共讀流程進行閱讀，並且運用「CROWD」的誘發技巧，讓孩子有更多機會在親子閱讀過程中表達。

「PEER」的共讀流程如：

Prompt 誘發：以「CROWD」的誘發技巧引導孩子多説一點與圖書有關的內容。「CROWD」的誘發技巧包括：

　　★ Completion prompt 填充型問題
　　★ Recall prompt 回憶型問題
　　★ Open-ended prompt 開放式問題
　　★ Wh-prompt 六何問句
　　★ Distancing prompt 連結生活經驗的問題

Evaluate 評估：對孩子的回應給予回饋、鼓勵或修正。

Expand 擴展：將孩子回答的內容加以延伸、重組。

Repeat 重複：再重問一次問題，讓孩子回應或鼓勵孩子複誦一次。

以下以《我才不要剪頭髮》第12至13頁作示範:

理髮師哥哥給熙熙圍上剪髮兜,然後在他的頭髮上噴了一些水。

圈圈和熙熙來到理髮店。

12   13

Prompt 誘發

在對話時,如孩子的年齡較小,父母可多談及與眼前事物有關的內容,孩子只需要看看書上的圖畫,便容易回應了。當孩子對故事的理解和說話能力有進步或年齡較大時,父母就可以談及一些需要聯想或代入書中人物角度思考的內容,孩子要先觀察書上的圖畫,然後經過思考,才能回答問題。父母誘發孩子說話時,可選用「CROWD」的其中一些誘發技巧。

誘發技巧	例子
填充型問題	父母：國國和熙熙來到_____。 孩子：理髮店。
回憶型問題	父母：「剛剛熙熙想到理髮店嗎？他覺得怎麼呢？」 孩子：「不想，熙熙不喜歡讓陌生人替他剪頭髮。
開放式問題	父母：「你猜熙熙剪頭髮後會覺得怎樣呢？」 孩子：「他會覺得自己很好看，很精神。」
六何問句	父母：「在剪頭髮之前，髮型師哥哥要幫熙熙做什麼呢？」 （「什麼」問題） 孩子：「要圍上剪髮兜，然後幫熙熙在頭上噴一些水。」
連結生活經驗的問題	父母：「你上次到理髮店剪頭髮，你覺得怎樣？」 孩子：「很好玩，而且髮型師哥哥給我剪了一個美麗的髮型。」

Evaluate 評估

父母對孩子的回應給予鼓勵或修正。

回應	例子
鼓勵	父母：「在剪頭髮之前，髮型師哥哥要幫熙熙做什麼呢？」 孩子：「要圍上剪髮兜，然後幫熙熙在頭上噴一些水。」 父母：「你很專心！你知道髮型師哥哥要做什麼。」
修正	父母：「你猜為什麼國國想陪熙熙剪頭髮？」 孩子：「因為國國剛剛放學。」 父母：「嗯！可能是因為國國怕熙熙在剪頭髮時會害怕，所以特別去陪伴他呀！」

Expand 擴展

父母將孩子的回答延伸或重組。

回應	例子
延伸	孩子：「熙熙剪頭髮。」 父母：「熙熙到理髮店剪頭髮。」
重組	孩子：「驚驚熙熙」 父母：「熙熙很害怕剪頭髮。」

Repeat 重複

父母再問一次孩子問題，鼓勵孩子複述一次。成人幫孩子擴展句子。

例子
父母：「請跟我說。理髮師哥哥替國國剪頭髮。」 孩子：「理髮師哥哥替國國剪頭髮。」

4. 孩子在參與的過程中，父母可多讚賞孩子的努力。

5. 在與孩子重複閱讀圖書後，父母可減少提問，讓孩子有較多的機會說出故事。

2.3 適合具相當閱讀經驗的孩子：傳統朗讀圖書方式

① **理念**

父母以生動的語氣和豐富的表情，直接讀出書本內容，孩子學習專注地聆聽，理解文字和篇章的意思，以及加強處理口語和書面語的差異。

② **目的**

加強孩子認讀文字，以及理解文字和文章的能力

③ **對象**

已有閱讀經驗和興趣，需要學習認讀文字的孩子。

④ **實踐步驟**

1. 父母以口語順着頁數說出書本內容。

2. 當遇見較複雜的詞彙時（如第11頁的「陌生人」），父母可從朗讀中停下來，就新詞彙多作解釋（如：「陌生人即是你不認識的人」）。父母解釋了新詞後，可繼續說出書本餘下的部分。例如：「理髮店也就是剪頭髮的地方，也是我們常說的髮型屋。國國對媽媽說……」

《我才不要剪頭髮》第11頁

3. 當孩子對書本內容有初步的概念後，父母以書面語讀出書本的文字，然後孩子跟讀。

4. 孩子讀出書面內容，並由父母聆聽。若孩子在朗讀上感抗拒或有困難，父母可以先跟孩子一人一句或一人一頁讀出書中內容，再慢慢讓孩子讀出整本書。

3 分齡閱讀需要、適合品種和策略

父母理解到不同的閱讀方式後，下一步就是了解孩子的閱讀發展和需要，然後選取合適的圖書，以適合的方式並運用不同的策略與孩子閱讀。

3.1 1歲以下孩子的閱讀

在出生首年，孩子的身體機能和感觀正在迅速地發展，他們從手抱的階段到慢慢開始走路，從以哭聲表達慢慢到以說話表達，他們需要透過大量不同的刺激來學習。因此色彩鮮明、操作簡單、能發聲以及能移動的物件最吸引這階段的孩子。此外，孩子的活動能力仍然有限，睡眠時間也比較長，故此父母跟孩子閱讀的時間不用太長，只要持續地利用不同機會與孩子閱讀，就能啟蒙孩子的閱讀。

① **閱讀發展和需要**

★ 對色彩對比明顯和線條簡單的圖畫較有興趣

★ 能短暫地望向父母正介紹有關書中的事物

★ 喜歡聽父母以高低抑揚的語調介紹書中內容

★ 會扔書和吃書，仍未懂正確地拿書和翻書

② **閱讀品種**

★ 線條和圖案簡單、色彩對比明顯或顏色鮮豔的圖畫書

★ 洗澡書

★ 布書

★ 海綿書

★ 硬頁書

★ 內頁有特別質感，如：毛毛狀的、沙紙質感等的圖書

★ 可以拿在手上的小書或認物硬頁書，如：分類介紹生活物件、動物、用品的圖書

★ 語句重複、音節鏗鏘、韻律鮮明的圖書

★ 字句很少的圖書

★ 兒歌書

③ **閱讀策略**

★ 把圖書放於孩子身邊，讓孩子自由探索圖書

★ 在安全的情況下，容許孩子咬書或把書當成玩具

★ 在日常流程中，以書本為孩子作伴，如在洗澡時把書放在水盆中，
　 或者把小書放在嬰兒車中，讓孩子可以隨時看書

★ 引導孩子翻頁或讓孩子觸摸書中特別的質感

★ 跟隨孩子的興趣重複地閱讀同一本圖書

★ 談及書本上的事物時，只需談及眼前的圖畫和事物，不需連繫過去
　 的生活經歷

★ 以簡單的話語，包括單詞（如：狗仔、火車、食飯）或2-3個詞的
　 短句（如：火車開啦、狗仔食骨頭），介紹書中的內容

★ 介紹書中內容時，多重複目標詞語，如目標詞語為「巴士」時，父
　 母可以說：「巴士呀！有巴士！巴士咔咔咔。」。父母讓孩子多重
　 複聆聽詞語，可以加強他們對詞語的理解

★ 採用「孩子主導的閱讀方式」

延伸閱讀

請翻至第56頁，重溫「第3章 親子閱讀導航」的
「2.1 孩子主導的閱讀方式」。

3.2 1—2歲孩子的閱讀

　　孩子開始踏出人生中的第一步，活動能力和精力比出生首年明顯地加強了。孩子會開始建立生活的常規。對於不明白的地方，雖然孩子仍未能發問，但會以手勢指向有關物件示意。父母可積極地回應孩子主動的「提問」。父母與孩子閱讀的最大困難可能是，孩子在看了一會兒的圖書後會走開，父母難以維持孩子的專注力。因此，父母可以彈性地與孩子閱讀，即是每次只看一段短時間，也可持續地學習閱讀。至差不多兩歲時，孩子開始能專注聆聽一個簡單的故事。

① 閱讀發展和需要

★　對色彩對比明顯和線條簡單的圖畫較有興趣

★　對閱讀有開心反應，例如會拍打圖書

★　開始一頁一頁地翻書，有時會翻動多於一頁的圖書

★　當父母說出書中自己認識的事物時，孩子會指向有關的事物

★　當看到書中的圖片時，孩子會發聲作出反應

★　當父母唱出書中兒歌時，孩子會發聲共同參與

★　會命名書本上認識的物件

② **閱讀品種**

★ 可以自行翻頁的各式硬頁書

★ 附小揭頁或按鈕的參與書

★ 可以把手指放進洞裏的洞洞書

★ 有揭頁遮着後頁的一半圖畫的翻翻書

★ 能發出音樂的圖書

★ 附手指偶的圖書

★ 能練習小手肌活動的圖書或布書，如：內頁有扣鈕、拉拉鍊等圖書

★ 兒歌書

★ 數數書

★ 簡單的概念書，如：講述大小和形狀的圖書

★ 寶寶熟悉的生活主題書，如：有關睡覺、吃飯、玩耍、打招呼等圖書

★ 語句重複、音節鏗鏘、韻律鮮明的圖書

★ 字句很少的圖書

③ **閱讀策略**

★ 把圖書放在家中不同的位置，鼓勵孩子隨時隨地步行前往閱讀

★ 間中捉着孩子的手與孩子一起看書以及探索書中的內容

★ 以簡單的話語，3-4個詞內的短句（如：爸爸去公園散步），介紹書中的內容

★ 主要以描述性語句看圖書，減少對孩子的提問

★ 主要談及書本上的事物，間中連繫不久之前的生活經歷

★ 對孩子主動指出書中的內容作出反應和鼓勵

★ 按孩子的興趣重複地閱讀同一本圖書

★ 以「孩子主導的閱讀方式」與孩子閱讀

 延伸閱讀

> 請翻至第56頁，重溫「第3章 親子閱讀導航」的「2.1 孩子主導的閱讀方式」。

3.3 2—3歲孩子的閱讀

孩子的活動能力和精力比出生首兩年又增強了，特別是白天清醒的時間。孩子能自如地四處活動。在這階段中，孩子能以詞語組合成簡單句子表達自己。孩子對答的能力明顯地加強了。部分孩子在這個年紀會開始入學，父母可多些介紹有關校園生活和社區環境的圖書。

① **閱讀發展和需要**

★ 明白書本有封面和封底

★ 懂得打開和拿着圖書

★ 能一頁一頁地翻書

★ 能專心聽故事約10分鐘

★ 能閱讀線條稍為複雜的插圖和黑白插圖

★ 知道閱讀文字的方向，如：由左向右

★ 喜歡聆聽具韻律以及重複的文字

★ 明白每個文字有不同的意思

★ 能指認出書中大量的事物

★ 能背出熟悉圖書中的一些細節

★ 會不停地重複閱讀喜歡的圖書

② **閱讀品種**

★ 故事情節簡單的圖書

★ 和生活習慣有關的圖書，如：有關如廁、睡覺等的圖書

★ 鼓勵建立良好生活習慣的圖書，如：收拾物件、早睡早起等圖書

★ 與家庭生活、家人和社區有關的書，如：有關到公園和坐交通工具的圖書

★ 圖畫較大、插圖線條稍為複雜的或文字較少的圖書

★ 語句重複、音節鏗鏘、韻律鮮明的圖書

★ 數數書

★ 字母書

★ 概念書，如：講述大小、形狀、位置或質感的圖書

★ 簡單的遊戲書，如：貼紙書、畫線條書和拼圖書

③ **閱讀策略**

★ 把圖書放在家中不同的位置，鼓勵孩子隨時隨地閱讀

★ 以完整的句子和簡單的段落，介紹書中的內容

★ 談及書中內容時，可連繫不久之前發生的生活經歷

★ 以口語介紹書中的內容

★ 父母用手指向正在描述的內容，引導孩子留意圖畫的內容

★ 對孩子主動指出書中的內容作出反應和鼓勵

★ 父母多重複閱讀同一本圖書，並在中間的位置停下，鼓勵孩子接續說出內容

★ 示範正確地看書的方法，如：拿書本、翻頁、讀出書中的文字等

★ 盡量鼓勵孩子看完一本書才走開

★ 由於孩子精細動作的發展有進步，已可逐漸開始閱讀一些非硬頁的圖書

★ 閱讀有關日常流程的圖書，如：有關穿衣、坐巴士或去公園的故事

★ 開始鼓勵幼兒閱讀身邊的文字，如：路牌、餐牌、食品包裝盒、車站路線圖等

★ 以「孩子主導的閱讀方式」或「對話式閱讀方式」與孩子閱讀

 延伸閱讀

請翻至第56頁及61頁，分別重溫「第3章 親子閱讀導航」的「2.1 孩子主導的閱讀方式」和「2.2 適合幼兒階段的閱讀方式：對話式閱讀」。

3.4 3—4歲孩子的閱讀

　　孩子的語言能力明顯地進入了一個新的里程。除了能表達基本需要外，孩子還展現強大的好奇心。孩子會常常發問，也希望父母能多解釋身邊的事物。孩子在這個年紀已經入學，說話題材會更多，也更願意與身邊的人主動交流。

① 閱讀發展和需要

★ 在閱讀時，會表現得更明白圖書的內容

★ 拿圖書時似模似樣地讀出

★ 會指出和描述書中一些感興趣或認識的地方

★ 就有興趣的地方提問

★ 讀出書本中某些的字詞或是熟悉的街道名稱

★ 對與個人生活經驗和身邊事物有關的圖書特別感興趣，如：孩子曾坐飛機，會對有關飛機的圖書特別感興趣；對喜歡的卡通人物為主角的故事特別感興趣

★ 喜歡以小動物為主角的故事

② 閱讀品種

★ 閱讀以動物為主角的圖書，情節不一定圍繞熟悉的生活，讓孩子培養想像力

★ 開始講述包含較多情節的故事

★ 和基本情緒有關的圖書

★ 孩子開始入學，也多了時間在社區活動，父母可以多說一些有關羣體相處、生活規則和校園生活的故事

★ 因應孩子的情況，靈活運用圖書協助適應改變，如：在家中添弟弟妹妹之前，閱讀有關當哥哥姊姊的圖書

★ 在娛樂的時間運用遊戲書，如：迷宮書、填色書

★ 開始運用點讀筆，鼓勵孩子間中自行閱讀書本，並且從書本中累積詞彙

★ 簡單的科學概念圖書，如：有關人體和植物的圖書

③ **閱讀策略**

★ 父母以口語說出和解釋書中的內容

★ 在過程中，父母多停下來，鼓勵孩子發問

★ 鼓勵孩子多想想故事情節背後的原因

★ 父母指出圖畫的細節，多請孩子依據圖中的線索，猜猜故事的發展

★ 閱讀時連繫孩子的生活經驗，可引用較早前發生的事情

★ 以「孩子主導的閱讀方式」或「對話式閱讀」與孩子閱讀

📖 延伸閱讀

請翻至第56頁及61頁，分別重溫「第3章 親子閱讀導航」的「2.1 孩子主導的閱讀方式」和「2.2 適合幼兒階段的閱讀方式：對話式閱讀」。

3.5 4—5歲孩子的閱讀

孩子開始能簡單地敍述事情。孩子開始能有邏輯地思考，對觀察身邊的事物也表現出強大的興趣。部分孩子喜歡做實驗，思考物件的可能性。孩子開始能與人作一來一往的互動交談，也能參與有規則的遊戲。

① **閱讀發展和需要**

★ 理解到閱讀不只是看圖畫，也要明白文字的意思

★ 可以一邊翻書，一邊複述熟悉的故事

★ 會發問與書本內容有關的問題

★ 能完整地聽完一個故事

★ 喜歡大人聽自己講故事

★ 展現出對某些題材的興趣，如：對有關車、小熊或恐龍的繪本有興趣

★ 能回答有關故事的提問

② **閱讀品種**

★ 情節較複雜、人物較多，以及具有教育意味的圖書

★ 寓言故事

★ 有關簡單社交相處的圖書

★ 講解科學、生活常識和數學概念的圖書

★ 有關漢字的圖書

★ 猜謎語的圖書

★ 附點讀功能的故事書

③ **閱讀策略**

★ 在進行一項新活動前，以圖書加強孩子對相關情境的認識

★ 開始訂閱合適的幼兒雜誌，讓孩子從雜誌中學習不同的知識

★ 讓孩子選擇喜歡的圖書，建立自己的閱讀角

★ 讓孩子在書中推測人物的感受、下一步的行動或可能的結果

★ 鼓勵孩子自行設計故事的結局

★ 以故事說明道理

★ 以「對話式閱讀」和「傳統朗讀圖書方式」與孩子閱讀

> **延伸閱讀**
>
>
>
> 請翻至第61頁及66頁，分別重溫「第3章 親子閱讀導航」的「2.2 適合幼兒階段的閱讀方式：對話式閱讀」和「2.3 適合具相當閱讀經驗的孩子：傳統朗讀圖書方式」。

3.6 5—6歲孩子的閱讀

在這階段，孩子不但能運用不同的複句，而且能較詳細地敍述事情。在遇到問題時，孩子會嘗試比較幾個不同解決問題的方法，並運用較好的一個方法。孩子比以往更能就話題貼題地交流，也更善於表達自己的意見。孩子的假想能力會更豐富，能想像的情境會更多。

① **閱讀發展和需要**

★ 可以明白情節複雜的故事

★ 明白有想像性的故事

★ 明白有些字可以分拆成部件

★ 能閱讀一些不熟悉的字詞

★ 能把詞語拆開成語素及配詞，推敲新詞的意思

★ 能複述故事內容

★ 開始能靈活地代入書中的不同角色，作出思考和推敲對方的想法

② **閱讀品種**

★ 選擇不同種類的圖書，故事性和知識性圖書皆需要涉獵

★ 選擇富想像力、情節和內容較複雜的繪本

★ 無字的圖畫書

★ 神話故事

★ 唐詩

★ 兒童詩，以豐富想像力，加強對語文的理解

★ 簡單的成語故事

★ 與中國文化相關的圖書，豐富孩子對中國文化的認識

★ 與世界文化風情和地理有關的圖書

③ **閱讀策略**

★ 即使孩子認識的字已逐漸增加，父母仍可與孩子伴讀

★ 鼓勵孩子重看讀過的圖書

★　在閱讀時，與孩子討論並連繫生活經驗

★　在閱讀遇上新詞時，可鼓勵孩子憑上文下理或分拆詞語猜測詞語的意思

★　請孩子代入故事情境和人物中，説出人物的感受和解決問題的方法

★　透過故事學習處理情緒和解決問題

★　鼓勵孩子把看過的故事説給別人聽

★　鼓勵孩子自創故事或以無字書説出故事

★　盡可能鼓勵孩子最少專注地完成15分鐘的閱讀

★　結合「對話式閱讀」和「傳統朗讀圖書方式」與孩子閱讀。當孩子在重複閱讀，熟悉了書中的內容後，可逐漸嘗試由孩子一字一句朗讀內容

延伸閱讀

請翻至第61頁及66頁，分別重溫「第3章 親子閱讀導航」的「2.2 適合幼兒階段的閱讀方式：對話式閱讀」和「2.3 適合具相當閱讀經驗的孩子：傳統朗讀圖書方式」。

第4章

發現閱讀新世界

——結合閱讀與遊戲，
　　拓展孩子全人發展

孩子還未愛上閱讀嗎？各位父母，請不要灰心。我還有一個絕招，就是「玩圖書」。在本章中，父母可先認識幼兒階段的學習方式，進而了解自己的孩子是傾向運用視覺、聽覺或觸覺哪一種學習模式，再參考 18 本圖書共 55 個延伸活動的示例，與孩子一起「玩圖書」，讓孩子愛上閱讀，並且在活動中得到全面的發展，包括：認知、語言、大肌肉、小肌肉、社交、藝術及創作，以及 3 種必要能力——心智解讀能力、執行功能及專注力。

有父母試過出盡了九牛二虎之力，繪聲繪影地跟孩子閱讀，但孩子們好像對閱讀還是沒表現很大的興趣。我認為孩子並不是不喜歡閱讀，只是未領略到閱讀的樂趣吧！父母不需要灰心，我還有一個絕招，就是「玩圖書」。在本章中，父母可先認識幼兒階段的學習方式，進而了解自己的孩子是傾向運用視覺、聽覺或觸覺哪一種學習模式，再參考18本圖書共55個延伸活動的示例，與孩子一起「玩圖書」，讓孩子愛上閱讀，並且在活動中得到全面的發展，包括：認知、語言、大肌肉、小肌肉、社交、藝術及創作，以及三種必要能力——心智解讀能力、執行功能及專注力。

1 幼兒階段的學習方式

說到幼兒的學習，父母不得不認識兩位專家的理論，就是皮亞傑（Jean Piaget, 1896-1980）和維高斯基（Lev Vygotsky, 1896-1934）有關兒童認知發展的理論。

皮亞傑是一位瑞士心理學家，他把孩子的發展按年齡劃分為四個認知發展階段，每個階段有其認知和發展的表現。他認為孩子在出生後，就會主動地運用與生俱來的基本行為模式對世界的事物作出反應，這就是認知結構（Cognitive Structure）。當孩子每次遇到相同事物時，就會運用同樣的認知結構作出核對、分析和處理，逐漸就建立了基模（Schema）。基模的建構讓孩子學習到新知識，以及重新修訂對舊有知識的理解。基模是人類認識世界的基本結構，隨着年齡的

增長，基模也漸漸改變。這4個認知發展階段分別是0-2歲的感覺運動階段（Sensorimotor Stage）、2-7歲的前運思階段（Preoperational Stage）、7-11歲的具體運思階段（Concrete Operational Stage），以及11歲至成年的形式運思階段（Formal Operational Stage）。在感覺運動階段，嬰兒透過協調感覺經驗，如聽和看，加上身體肌肉的運動去認識世界。一歲時，孩子明白到「物件恆存」的概念，即是當物件消失在眼前時，物件仍是存在於這世界中。在這個階段，孩子的基模仍是十分有限。到了前運思階段，孩子仍未發展出合乎邏輯的思考，但能運用簡單的符號，他們會從具體的經驗中思考解決問題的方式。在這個階段中，孩子的思考會有謬誤，只能從一個角度思考，不能代入另一個角度。例如：當水從一個容器中倒入另一個時，孩子就以為水的容量改變了。從以上的觀點可推斷出，孩子與生俱來就有學習的能力，但在前期思考仍有些謬誤，父母需要以適合孩子年齡的方式啟發孩子閱讀，就能正面地影響孩子的發展。

維高斯基是一位蘇俄的心理學家，他提出「最近發展區」（Zone of Proximal Development，簡稱 ZPD）的理論，認為成人協助和社會環境會促進孩子的發展。「最近發展區」的能力是持續地改變的，它是一個人獨自解決問題所顯示的「實際發展水平」與一個人在其他人協助下所展示出來的「潛在發展水準」兩者間的差距，例如是孩子自己閱讀時的表現與在成人誘導和同儕影響下閱讀表現的差距。成人要孩子嘗試能力以外的事，讓他們得以成長。維高斯基的「最近發展區」，後來被布魯納、羅斯和吳德在1976年發展為「鷹架理論」。「鷹架理論」

提倡成人在孩子學習上扮演着啟導和支持的角色，讓他們漸漸掌握了在「最近發展區」的能力，就好像建築時需要鷹架的支持，當房子蓋好後，就需要把鷹架移除。成人的誘導和支持對孩子認識閱讀有舉足輕重的作用。

以上兩大理論都顯示成人需要給予孩子合適的刺激或協肋，讓孩子能學習閱讀。

2 孩子的三大學習模式

學習模式是孩子達到最佳狀態和效果的學習方法，到目前為止，科學家和心理學家已發展出幾十個不同的學習模式。如果簡單地以感官把學習模式進行分類，可分為視覺型、聽覺型和觸覺型的學習模式。在孩子的成長過程中，會不停探索和嘗試，找尋適合自己接收資訊或學習的渠道，再以另外兩個渠道作為輔助。

2.1 視覺型的學習模式

一些圖像、色彩、形狀，移動中或具有動感的事物最能吸引視覺型孩子的興趣。他們喜歡看圖書中的文字和美麗的插圖，看父母的真實示範，或是透過書上的文字和影像去理解書本內容，也喜歡父母把書本中一些重點指出來給他們看。因此，一些插圖漂亮的圖書或與美麗事物有關的圖書延伸活動都可以引起這類孩子的興趣，讓他們走進閱讀的世界。

2.2 聽覺型的學習模式

聽覺型的孩子喜歡用聽的方式去了解書本的內容。他們對聲音比較敏感，擅長聆聽別人的說話，也喜歡聽父母以不同語調和聲音效果演繹書本內容。這類孩子的語言能力通常較強，他們可能較喜歡與音樂和講故事有關的圖書延伸活動，也喜歡接觸發聲的圖書。

2.3 觸覺型的學習模式

觸覺型的孩子喜歡透過實驗、動作或操作事物來學習。他們喜歡參與創作的過程，看事情的發展。這些孩子有時會被人誤會為過於活躍和不專心等。他們可以透過做動作或角色扮演理解書本的內容。一些實質的創作和感官刺激，如：玩砌圖、觸碰沙粒或米粒、製作手工或演話劇都可以吸引這類孩子的興趣。

3 結合閱讀與遊戲的活動示例

閱讀除了可以加強孩子的語文能力，還可以作為一個引子，透過與圖書相關的不同延伸活動，拓展孩子的全人發展，包括：認知、語言、大肌肉、小肌肉、社交、藝術及創作。在進行以下的活動中，還可以促進孩子的心智解讀能力、執行功能及專注力的發展，這3種能力都是孩子愉快成長的必要能力。現在先來認識這3種能力。

3.1 心智解讀能力

心智解讀是孩子推斷別人的想法、信念、願望和意圖的過程，這能力讓孩子能預測別人的行為，從而調節自己。心智解讀能力對閱讀和寫作極為重要，孩子需要代入不同人物的角度，體會文章的意思，明白作者的思想感情，以及寫出有感情和動人的文章。心智解讀能力的發展是循序漸進的，從孩子出生起就開始發展至4歲後，孩子初步具備解讀別人的能力，到了7歲或以後，這能力會逐漸成熟。心智解讀能力包括以下四個範疇的能力，隨着孩子的成長，每個範疇中的能力也會按階段地發展。

① **互聯注意**

最初，孩子會注視別人的眼睛。當父母以眼神示意時，孩子會留意父母的視線方向，然後推斷出意思，例如：孩子明白媽媽正看着桌上的一本圖書，可能表示媽媽想跟他閱讀這本圖書。後來，孩子能回應父母的眼神。例如：當媽媽望向桌上的書本時，孩子能望向書本。最後，孩子能以眼神表達自己的感受和興趣，例如：孩子在繪本中看到一隻可愛的小狗時，孩子會先看着媽媽，再指向小狗，與媽媽分享看到小狗的樂趣。隨後，孩子漸漸能以說話作分享，如：「媽媽！你看看這小狗多可愛！」

② **假想能力**

在最初階段，孩子可能只會搖晃物件，並未有任何假想的能力。然後，孩子逐漸懂得操作熟悉的玩具和書本，例如：孩子會抱着洋娃娃扮演照顧寶寶。之後，孩子能把一件物件假想成另一件物件，例如：把香蕉當作電話。然後，孩子會做簡單的動作代表該活動，如：扮吃雪糕。最後，孩子能以動作扮演情境。

③ **辨識情緒**

孩子能從別人的表情、動作和説話辨識別人的情緒。從真人的插圖中識別人物的情緒相對發展得較早，然後從繪本的圖畫中識別情緒。孩子會明白願望、信念和情境會影響一個人的情緒。例如當一個人希望能吃到雪糕，若真的吃到了，便會很高興。當一個人相信自己是班內成績最好的學生，就會令他感到自豪。或者當一個人被別人讚賞時，便可能會感到快樂。

④ **理解信念**

信念是人的想法和觀點。首先，孩子需要明白從不同角度看同一件事，觀點和感受會不一樣。就好像孩子拿着書本，面向父母時，孩子看到的是封面，而父母看到的可能是封底。然後，孩子會明白經驗會影響人的信念，例如：小明知道弟弟看了《你們都要聽我的！》（新雅文化）時，弟弟就會知道書中的主角是一隻小犀牛。相反，妹妹沒有看過這繪本，她自然就不知道了。人的信念會影響行為，例如：孩子認為看書是很有趣的，於是就會乖乖坐下看書。同時，孩子需要明白信念不一

定是正確的，例如：我們不知道自己相信的事物有改變時，我們的信念也會有錯誤，又或者，我們以為正確的事情不一定是正確的，就好像我們起初以為嘴巴只可以用來吃東西和說話，原來動物的嘴巴還可以哺育孩子。在最後階段，孩子能明白笑話、諷刺、嘲笑與比喻。

3.2 執行功能

執行功能就像是協助我們運作的指揮燈。它協助孩子組織和計劃活動，讓他們完成目標。執行功能讓孩子能維持專注，分辨事情的嚴重性，以及安排自己的活動的先後次序。一般而言，執行功能在嬰兒時期已開始發展，到了3-5歲時的發展最為顯著，並可能持續地發展至成人階段。執行功能包括：

① 反應抑制

反應抑制是指能先清楚考慮情況和後果再作行動。例如：孩子在上課聽到課室外有聲音，即使自己很想離開課室出外看個究竟，他們也要控制自己的衝動，並繼續安坐在座位上，直至課堂完結。

② **工作記憶**

工作記憶是指能提取和聯繫記憶中的資料，以處理不同的工作。例如：孩子在聆聽故事時，需要記憶故事的情節，才能以腦海中的資料作出思考，理解故事的完整意思。

③ **情緒控制**

情緒控制是指能管理和控制自己的情緒，讓自己完成任務和達至目標。例如：孩子在活動時情緒高漲，不久後，老師表示活動完結並需要返回座位。孩子能冷靜自己的情緒，以順利地繼續之後的活動。

④ **持久專注**

持久專注是指能持續地專注而不受其他因素或者疲累的感覺和厭倦的情緒干擾。例如：孩子今天要練習彈鋼琴，他已經練習了一段時間，開始感到疲倦和沉悶。然而，孩子嘗試集中精神，專注在練習上，不受疲累或者厭倦的心情影響。

⑤ **任務展開**

任務展開是指能在恰當的時間有效率地開展任務，不會拖延。例如：孩子知道將要跟爸爸媽媽外出，他能放下手上的玩具，立即梳洗和更衣，不作拖延。

⑥ **規劃與優次排定**

規劃與優次排定是指能分析事情的輕重緩急，計劃完成事情的先後次序，規劃步驟以完成目標。例如：孩子每天在放學後都要完成功課，

但又很想玩玩具、到公園玩和看電視，也需要吃飯和洗澡。孩子明白做功課、吃飯和洗澡等是必需進行的活動，因此必需規劃好時間。此外，洗澡應該是在到公園後才進行的。孩子懂得安排好時間，以完成計劃進行的活動。

⑦ **組織**

組織是指能建立和運用系統協助自己管理工作和物件。例如：孩子在收拾物件時，會把汽車玩具與砌圖分開存放，方便自己在需要時找到玩具。

⑧ **時間管理**

時間管理是指能預計和分配時間，讓自己在限期前完成任務。例如：媽媽說只有一小時就要外出了，孩子會儘快吃完午飯，再換好衣服準備外出。

⑨ **堅持達標**

堅持達標是指即使遇到誘惑、困難或挫折，也能盡力克服並完成目標。例如：孩子想學會踢足球，即使天氣炎熱或在球場上跌倒，也會盡力克服困難，學會踢足球。

⑩ **靈活變通**

靈活變通是指在遇到困難、挫折、阻礙或客觀因素有變時，能調整自己的計劃，以配合情況。例如，孩子今天要外出遊玩，他需要預備好外出的小背包和帶備所需的物件；然而，孩子的背包因剛清洗而未完全乾透，孩子知道可以利用另一些袋子代替背包放置外出的物件。

⑪ **後設認知**

後設認知是指能從客觀的情況作分析和檢討。例如，孩子快將完成砌圖時，發現有一處未找到合適的砌圖。孩子會看一看有沒有位置砌錯了，或是合適的砌圖有否掉在地上，以嘗試完成砌圖。

持久專注本來是執行功能的其中一項，因此專注力和執行功能也是息息相關。此外，當孩子能專注地留意別人的眼神和表情，才明白別人的想法和感受，因此專注力也建構了心智解讀能力。

3.3 圖書延伸活動示例一覽表

我精選了18本圖書，針對孩子在認知、語言、大肌肉、小肌肉、藝術及創作、社交、心智解讀能力、執行功能及專注力方面的發展，設計了55個延伸活動的示例，讓父母跟孩子閱讀後，一起玩各種遊戲，從中促進孩子全面的發展。

下表列出55個延伸活動的編號、名稱及針對的發展範疇，供父母快速參考，並從中挑選出感興趣或適合孩子的活動。

活動編號及名稱 / 發展範疇	認知	語言	小肌肉	大肌肉	社交	心智解讀	執行功能	藝術及創作	專注力
A. *Brown Bear, Brown Bear, What Do You See ?*（適讀年齡：0-3歲）									
A1. 棕熊吃東西	★	★							
A2. 考考你顏色	★	★							

活動編號及名稱 / 發展範疇	認知	語言	小肌肉	大肌肉	社交	心智解讀	執行功能	藝術及創作	專注力
A3. 棕熊病了		★			★				
A4. 棕熊有麻煩				★			★		
B. 《比比熊遊玩記：農場小幫手》（適讀年齡：0-3歲）									
B1. 尋找雞蛋			★	★	★				
B2. 農場動物要回家	★	★							
B3. 朋友，找找看	★			★					
C. 《寶寶，晚安！》（適讀年齡：0-3歲）									
C1. 照顧小寶寶	★	★				★			
C2. 電筒尋一尋		★							★
C3. 唱歌哄寶寶		★			★				
D. 《噓，別吵醒老虎！》（0-3歲）									
D1. 會飛的氣球		★			★				★
D2. 氣球小玩偶		★	★					★	
D3. 老虎的生日蛋糕		★						★	★
E. 《小金魚逃走了》（適讀年齡：0-3歲）									
E1. 撈小魚		★	★		★		★		
E2. 救救小金魚		★	★						
E3. 找一找，動物在哪裏？	★			★					
F. 《奇妙的顏色　混色遊戲書》（適讀年齡：0-3歲）									
F1. 顏色大搜尋	★	★		★					★

發展範疇 活動編號及名稱	認知	語言	小肌肉	大肌肉	社交	心智解讀	執行功能	藝術及創作	專注力
F2. 創作手指畫	★		★					★	
F3. 玻璃紙世界	★	★	★						
G 《我真的要一個人上學嗎？》（適讀年齡：3-6歲）									
G1. 上學用品裹棉胎	★				★				★
G2. 學校設備對對碰		★					★		
G3. 我的時間表							★	★	
H. 《中國傳統節日立體書》（適讀年齡：3-6歲）									
H1. 節日事物猜一猜	★	★			★		★		
H2. 五感說一說		★		★					
H3. 時人地事拋一拋		★		★					
I. 《千奇百趣的嘴巴》（適讀年齡：3-6歲）									
I1. 嘴唇也賽跑			★		★				
I2. 小船過大海			★		★				
I3. 嘴唇印畫			★					★	
J. 《快樂鞋子》（適讀年齡：3-6歲）									
J1. 孩子設計鞋子		★	★			★		★	
J2. 孩子，鞋子有什麼不同？	★	★		★					
J3. 看看誰不同	★							★	
K. _The Gruffalo_（適讀年齡：3-6歲）									
K1. 動物順序找找看		★							★

活動編號及名稱	認知	語言	小肌肉	大肌肉	社交	心智解讀	執行功能	藝術及創作	專注力
K2. 古飛樂來了						★	★		
K3. 老鼠阿斗的感受		★		★		★			
L. 《什麼都不愛吃的皮皮》（適讀年齡：3-6歲）									
L1. 蔬菜印畫		★	★					★	
L2. 食物日記	★		★						
L3. 皮皮的小廚師	★			★					★
M. 《你們都要聽我的！》（適讀年齡：4歲或以上）									
M1. 耳朵篩一篩		★		★			★		★
M2. 小犀牛的水果	★	★							
M3. 動物節拍				★			★		★
N. 《我就是不想跟你玩！》（適讀年齡：4歲或以上）									
N1. 玩蛇棋，學交友		★			★				
N2. 紙筒傳情		★		★	★				
N3. 鬥快人力車			★	★	★				
O. 《社區體驗系列：別在超市裏搗蛋》（適讀年齡：3-6歲）									
O1. 噢，這不是食物呀！		★							★
O2. 整理貨架	★	★							
O3. 設計海報		★	★					★	
P. 《漢堡包和叉燒包》（適讀年齡：4歲或以上）									
P1. 感受詞面譜		★	★			★	★		

發展範疇 活動編號及名稱	認知	語言	小肌肉	大肌肉	社交	心智解讀	執行功能	藝術及創作	專注力
P2. 新詞Go Go Go		★		★					
P3. 上酒樓去		★					★		
Q. 《奇異的種子》（適讀年齡：4歲或以上）									
Q1. 讚美瓶		★			★			★	
Q2. 種子畫	★		★					★	
Q3. 運送種子		★					★		★
R. 《想買快樂的阿德》（適讀年齡：4歲或以上）									
R1. 快樂問卷		★			★	★	★		
R2. 硬幣拓印	★		★					★	
R3. 從小孔中看看		★				★			

3.4 圖書延伸活動示例詳情

Ⓐ 書　　名：*Brown Bear, Brown Bear, What Do You See ?*
出 版 社：Henry Holt & Co.
作　　者：Bill Martin Jr, Eric Carle
適讀年齡：0-3歲

✔圖書簡介：

書中藉着每一位主角所見的事物介紹出下一位主角。書中的第一位主角是一隻棕熊，因而有這個書名。書中的語句特別強調顏色詞與物件的關係，如：red bird、yellow duck、blue horse等。本書沒有明顯的故事高潮和結局，但書中的語句簡單、押韻，且充滿節奏感，以一問「..., what do you see?」和一答「I see ... looking at me.」組成，讓家長與孩子閱讀時，孩子容易記起語句和說出語句。

✔內容導讀：

1. 父母捉着孩子的手指指着書名並讀出。父母在說出書名後，可以停一停，望向孩子，等候孩子的反應。

- 語前階段的孩子：父母可與孩子讀過這本書幾次後，在下一次說出書名時，在書名最後一個詞語前的位置停下來，然後望着孩子，鼓勵孩子接上說話。例如：父母說：「Brown Bear, Brown Bear, What Do You ...」，然後停下來等候孩子說出「See」，從而讓孩子學習發出聲音或說出單詞。

- 單詞階段的孩子：父母在説出書名後，跟從孩子的興趣描述封面。例如：當孩子望向棕熊時，父母説：「嘩！有隻棕熊呀！棕熊好大隻呀！」。在描述時，父母也可以適當地停下來，讓孩子有機會模仿父母的單詞或簡單的詞組。

- 句子階段的孩子：父母可以在翻到書中的內容前，與孩子作簡單的討論，如：「棕熊會見到其他動物，你估下佢會見到邊個？」，讓孩子以簡單句子回應，藉此加強對答的能力。

2. 父母以「孩子主導的閱讀方式」與孩子逐頁閱讀書中的內容。

✔ 備注：

如果父母能説出流利的英語，可以全英語與孩子溝通。如父母英語能力一般，可以運用英語説出書名或朗讀書中的內容，但在其他時間則以廣東話與孩子溝通。但是，父母切勿在同一句子中以中英夾雜，例如：「咦？隻brown bear見到邊個呀？」又或是勉強自己以英語跟孩子溝通。

延伸活動：A1 棕熊吃東西

活動範疇：☑語言　　☑小肌肉

目的：

1. 加強孩子以手勢/聲音/詞語/句子/問句要求物件的能力。

2. 透過把食物餵進棕熊口中，加強孩子手眼協調的能力。

所需物資：有蓋的紙盒、玩具食物、顏色筆、剪刀

步驟：

1. 父母協助孩子在紙盒的蓋子上畫出棕熊，並剪出棕熊的嘴巴，讓孩子在遊戲時可以把食物「餵」進棕熊的嘴巴裏。

2. 父母預備約10款不同的玩具食物，如：蘋果、香蕉、粟米等，並逐次把3-5件玩具食物展示在桌上，但先不要讓孩子自己拿取。如孩子的年紀稍大，父母也可與孩子簡單討論一下會為棕熊預備哪些食物。

3. 父母按孩子的能力，鼓勵他們以合適的方式（手勢、聲音、單詞或短句），向父母要求食物以餵給棕熊。

延伸活動：Ａ2 考考你顏色

活動範疇：☑認知　　☑語言

目的：

1. 加強孩子的顏色概念，並學習擴散性思考。

2. 加強孩子對顏色詞的理解。

所需物資：顏色筆、紙

步驟：

年紀較大的孩子

1. 父母打開圖書的其中一頁（如：黃色小鴨那頁），請孩子在限時內（如：30秒）説出任何黃色的物件。

2. 家人間進行比賽，看看誰能説出最多的物件。

3. 如果孩子喜歡繪畫，也可以用相關的顏色筆畫出物件。

年紀較小的孩子

1. 父母與孩子預備不同顏色的手工紙並貼在地上。

2. 孩子在家中搜集該些顏色的物件，並把物件放在相關的手工紙上。

小貼士：

1. 孩子認識顏色的次序可以由黑白和基本4色開始（紅、黃、藍、綠）開始。當孩子逐漸認識了這些顏色後，才加入橙、紫、啡、粉紅、灰、金、銀等顏色，最後才學習深色和淺色，如深藍、淺藍等。

2. 在日常生活中，家長可多談及顏色。例如，父母可以説：「你今天穿了一條紅色的褲子。」

延伸活動：A3 棕熊病了

活動範疇：☑語言　　☑社交

目的：加強孩子運用有禮的方式表達，以及對別人表示關心。

所需物資：食物識字卡或報章雜誌廣告中的食物圖片、剪刀、棕熊布偶或圖片

步驟：

1. 父母在報章或雜誌廣告中剪下一些食物圖片作教材，也可使用食物識字卡。

2. 以一隻棕熊布偶或圖片作為遊戲中的主角。

3. 父母把食物的圖片貼在牆壁較上方的位置。

4. 父母跟孩子說棕熊今天病了，想請孩子幫忙找食物，但規則是不可爬上椅子拿取貼在牆壁上的食物圖片。

5. 孩子有禮地請求父母幫忙。在過程中，父母引導孩子多說出「請」、「謝謝」、「可不可以……」等字眼或以手勢請父母幫忙拿取食物。

6. 孩子把食物交給棕熊。在探望棕熊時，父母引導孩子以不同方式表示關心：如年紀較小的孩子可以用「抱」表示關心；年紀較大的孩子可以說出「你現在好些嗎？」、「希望你早些康復。」等說話表示關心。

延伸活動：A4 棕熊有麻煩

活動範疇：☑大肌肉　　☑執行功能

目的：

1. 學習活用身體各部分完成任務。

2. 加強孩子靈活應變的能力和情緒調控能力。

所需物資：小玩具，如：小車子、小球

步驟：

1. 父母表示棕熊需要收集地上的玩具，準備與朋友一起玩。

2. 父母把一些小玩具（如：小球、小車子）放在家中四周，並請孩子在限時內把玩具收集好，運送到指定的地方。

3. 這個遊戲有兩個規則，一是手不可以碰到玩具，二是不可以請別人幫忙。

4. 孩子需要靈活運用合適的方法（如：用腳把玩具拾起），把玩具放到合適的地方。

5. 在過程中，孩子需要隨時檢討自己的方法並加以完善，讓自己可以完成任務。

6. 父母可以在過程中多加引導，讓孩子學習靈活變通，控制自己的情緒以完成任務。

7. 如有需要，父母可以透過示範和解釋引導孩子學習解決問題，靈活變通。

B 書　　　名：比比熊遊玩記：農場小
　　　　　　　幫手
出　版　社：新雅文化
作　　　者：Benji Davies
適讀年齡：0-3歲

✔圖書簡介：

比比熊來到虎叔叔的農場幫忙，然後看到不同的動物躲了起來。比比熊需要動一動機關，找出這些動物。孩子可以動動小手，找找動物，學習拉一拉、轉一轉和翻一翻等動作。

✔內容導讀：

1. 父母讀出書名並描述封面。在描述時，多留意孩子的反應並作出回應。

2. 父母與孩子逐頁閱讀書中的內容，以生動的語調模仿動物的叫聲。

3. 父母多給予機會，讓孩子操作書中的機關，並以說話描述孩子的動作。如孩子不懂得操作機關，父母可示範一次，讓孩子明白。

4. 當孩子打開機關看到動物時，父母可以誇張的語調說話，如：「嘩！有豬仔呀！」，以吸引孩子模仿說話。父母還可以說話和動作與動物打招呼，讓孩子學習打招呼。

延伸活動：B1 尋找雞蛋

活動範疇： ☑大肌肉　　☑小肌肉　　☑社交

目的：

1. 學習彎腰拾物。

2. 學習運用食指和拇指撕開貼紙。

3. 以發音、手勢或說話尋求別人幫忙。

所需物資： 扭蛋殼或復活蛋殼、貼紙、貼紙簿、小籃子或小盆子

步驟：

1. 父母把貼紙剪出並逐一放入蛋殼內，再把蛋藏在家中四周。

2. 父母與孩子一起找尋並彎腰拾起蛋。

3. 孩子把找到的蛋放在籃子/盆子內。

4. 父母與孩子一起把蛋殼拆開，取出貼紙。如果孩子未能打開蛋殼，父母可引導孩子以發音、手勢或説話請父母幫忙。

5. 父母與孩子一起撕出貼紙，並貼在貼紙簿內收藏。

延伸活動：B2 農場動物要回家

活動範疇： ☑認知　　☑語言

目的：

1. 加強配對相同物件的能力。

2. 學習模仿發聲。

所需物資： 數款動物圖片、剪刀、打印機

步驟：

1. 父母從網上搜尋3、4種農場動物的圖片（如：雞、鴨、牛、狗），每種動物列印5張，然後剪出以進行活動。

2. 父母把動物圖片分散放在家中四周。

3. 父母展示其中一款動物的圖片（如：雞），然後請孩子把四周相同的動物找出，再把相同的動物放在一起。

4. 父母重複以上的步驟直至孩子把所有動物配對成功。

5. 在展示動物圖片或孩子找到動物後，父母可扮演動物的叫聲（如扮演小狗的汪汪聲），鼓勵孩子模仿，以學習發聲。

小貼士：

父母把圖片放在家中四周時，可以用物件把圖片的大部分遮蓋着，只露出圖片的一角，增加活動的難度，提升孩子的觀察力。

延伸活動：B3 朋友，找找看

活動範疇： ☑認知　　☑大肌肉

目的：

1. 學習尋找相關的事物。

2. 加強拋擲物件的能力。

所需物資： 3種動物圖片（如：小狗、牛、雞）、與每種動物相關的物件圖片（如：骨頭和狗屋就是與狗相關的物件）、3個盒子、數個小球、膠紙

步驟：

1. 父母把3種動物的圖片各自貼在盒子上，再把與3種動物相關的物件圖片各自貼在小球上。

2. 父母把3個盒子並排放在地上。

3. 父母請孩子把貼有相關物件的小球拋入該動物的盒子裏。

書　　　名：寶寶，晚安！
出　版　社：新雅文化
作　　　者：埃米莉‧曼寧
適讀年齡：0-3歲

✔ **圖書簡介：**

孩子可以跟隨故事的發展操作書中一個又一個機關，然後安心睡覺。書中的機關都與睡覺有關，包括合上故事書、拉下窗簾、關上抽屜，再開啟小夜燈等，讓孩子容易進入晚安的情境中。

✔ **內容導讀：**

1. 父母讀出書名並跟從孩子的焦點，描述孩子對封面中感興趣的事物。

2. 父母與孩子逐頁閱讀書中的內容，鼓勵孩子操弄書中的機關。

3. 在孩子操弄書中的機關時，父母利用書中溫馨簡潔的文字，描述孩子的動作，引起孩子的興趣。

4. 父母留意孩子會否分享自己的興趣，引起父母的互聯注意，如當孩子看到小夜燈時，會否指向小夜燈再看看父母，表達自己的興趣。如有這個情況，父母可較誇張地讚賞孩子的分享。

延伸活動：C1 照顧小寶寶

活動範疇： ☑認知　　☑語言　　☑心智解讀

目的：

1. 從遊戲中學習物件的功用及功能性遊戲（functional play）的技巧。

2. 跟從環境性的指示（如：抹手、抱BB）。

3. 理解身體部分的名稱。

4. 指出洋娃娃的眼睛。

所需物資： 洋娃娃、照顧嬰兒的玩具用品（如：毛巾、梳子、洗髮水、潤膚液等）

步驟：

1. 父母與孩子玩照顧寶寶遊戲時，示範不同的動作，如替寶寶洗澡或塗潤膚液，讓孩子學習使用不同的玩具用品照顧寶寶。

2. 父母可引導孩子認識身體的不同部分。例如：孩子替洋娃娃洗澡時，可介紹「手」、「腳」、「鼻」、「眼」、「耳」、「口」等身體部分。

3. 孩子按父母的指示完成不同的差事，如「抱BB」、「抹手」等，學習聆聽指示的技巧。

小貼士：

1. 在介紹身體部分時，父母可多提及「眼睛」並讓孩子把它指出。孩子留意到不同的人也有眼睛時，就可以多與孩子玩一些眼神交流的遊戲，如父母深情地望着孩子微笑，引起孩子的回應或微笑。孩子能留意別人的眼睛和眼神，是學習心智解讀的基礎步驟。

2. 遊戲技巧對孩子的認知和語言發展有舉足輕重的重要性，孩子在遊戲中學習操控自己的身體和工具，加強想像力和解決問題的技巧，也從中學習與人相處和溝通。在遊戲發展中，最早期的可說是功能性遊戲（functional play）了，即是孩子能操弄物件進行遊戲，如用梳子替洋娃娃梳頭，或用杯子餵洋娃娃喝水等。孩子能運用不同的工具進行遊戲是進行假想遊戲的基礎。

延伸活動：C2 電筒尋一尋

活動範疇：☑語言　　☑專注力

目的：

1. 以發聲、動作和說話等引起互聯注意。

2. 以發聲、動作或說話要求拿取電筒。

3. 認識與「晚安」相關的物件名稱。

4. 持續專注地完成活動。

所需物資：電筒（使用光度適中或較暗的電筒，也可以玻璃紙或紙巾蓋着光源，避免強光傷害孩子的眼睛）、卡片、寶貼、打印機

步驟：

1. 父母參考書中的物件，把10個物件（如：玩具熊、窗簾、小夜燈等）畫在或列印在卡片上。

2. 父母預先把卡片貼在家中四周的牆上、地上或家具上。

3. 父母把家中的窗簾和燈關上，營造一個漆黑的環境。父母示範在漆黑中開啟電筒並找出卡片，讓孩子知道電筒的用法和遊戲的玩法，引起孩子的興趣。

4. 孩子以說話、手勢或發聲要求電筒。

5. 孩子開啟電筒找尋卡片。當孩子找到卡片後，父母可先不說話，由孩子取下卡片，製造機會讓孩子引起互聯注意。孩子可能會以發聲、說話或動作跟父母分享興趣，父母需立即回應，以鼓勵孩子的主動溝通。

6. 孩子與父母找尋卡片，直至找出所有卡片為止。

小貼士：

1. 如孩子的年紀較小或專注力較短暫，父母可以按需要減少卡片的數量。

2. 大多數孩子都喜歡電筒，漆黑的環境也容易引起孩子的好奇心。父母可靈活地以電筒變化出其他活動，如找一找家中的玩偶或日用品，讓孩子學習不同的詞彙。

延伸活動：C3 唱歌哄寶寶

活動範疇：☑語言　　☑社交

目的：

1. 學習發聲或說話。

2. 加強模仿動作的能力。

3. 學習輪流作轉的技巧。

所需物資：洋娃娃、睡牀、被子

步驟：

1. 孩子抱着洋娃娃。父母與孩子一起唱兒歌，如：Twinkle Twinkle Little Star。

2. 父母與孩子一邊唱歌，父母一邊示範輕拍或輕撫洋娃娃讓孩子學習模仿動作。

3. 當孩子熟悉了該首兒歌後，父母可以在某一句的中間停下，然後望向孩子，示意孩子接續唱下去。

4. 父母在孩子接續唱歌後，再次加入一起唱歌（注意：年幼的孩子不一定能清楚地接續唱出歌曲，只要孩子有任何接續唱歌的反應，父母都應該以鼓勵的表情和動作表示讚賞）。

5. 父母與孩子把洋娃娃放在睡牀上並蓋好被子。

小貼士：

1. 對於未開始說單詞的孩子，兒歌可以引導孩子嘗試發聲或說單詞。因為兒歌有旋律輔助，加上歌詞較多重複，能引起孩子的興趣。當孩子聆聽了同一首兒歌數遍後，對旋律和歌詞都有一定的

記憶時，父母唱歌時在歌曲的中間停下來，會讓孩子感到奇怪，因此有了接續下去的動機了。

2. 父母選擇停下的位置，必需是在某一句歌詞的中間，例如在 Twinkle Twinkle Little Star 一曲中，父母可以在「Up above the world so...」停下來，讓孩子說出「high」。父母在這位置停下來，而不是平日歌曲會停下的地方停下來，才會讓孩子感到奇怪。

3. 當孩子能接續唱歌後，父母可多加一兩個停下的地方，提升活動的難度。

4. 模仿是學習語言的必須技巧，對於未開始說單詞的孩子，父母可在日常生活中多給予孩子模仿的機會。一般來說，孩子會先學會模仿動作，才模仿說話。

D 書　　　名：噓，別吵醒老虎！
出 版 社：新雅文化
作　　　者：布麗塔．泰肯特拉普
適讀年齡：0-3歲

✔圖書簡介：

小動物要趕路，可是老虎卻睡在路中央，小動物不能吵醒老虎呀！於是，小動物一個一個的利用氣球飛到對面，在過程中孩子也要幫忙做

出一些動作安撫老虎。可惜，最後老虎還是被吵醒了，那可怎麼辦呢？
哦！原來小動物趕路是為了要跟老虎慶祝生日。

✔ 內容導讀：

1. 父母把藏在毛巾下的圖書拿出，增加神秘感，引起孩子留意書中的
   封面。

2. 父母與孩子說故事，並以生動的語調和表情動作演繹各動物的想法
   和行動。

3. 在說出「噓」、「呀」、「嗖」、「呼」、「嘩」、「砰」等語氣
   詞或擬聲詞時，父母不妨誇張和投入一點，引起孩子的興趣。

4. 父母可以按書中指示，請孩子完成安撫老虎的動作，促進親子互
   動。

✔ 備注：

倘若孩子是在未懂說話的階段，當孩子熟悉了書中的內容後，父母讀
到書中的語氣詞或擬聲詞時，如「噓」、「呀」、「嗖」、「呼」、
「嘩」、「砰」等詞語時，可先停下來，望向孩子，等待孩子說出這些
聲音，藉此加強孩子發聲的能力。在孩子說出這些聲音後，父母可繼續
與孩子一起閱讀圖書。父母也可以在說出以上的詞語時，可以先不發
聲，只做出口形，讓孩子模仿口形。

延伸活動：D1 會飛的氣球

活動範疇： ☑專注力　　☑社交　　☑語言

目的：

1. 加強孩子與父母共同注視在同一物件上的能力。

2. 促進孩子與父母的眼神接觸和情感交流。

3. 促進孩子的發聲。

所需物資： 數個不同顏色的氣球

步驟：

1. 父母把氣球充氣，並以說話簡單描述，如：「吹大波波呀！」

2. 父母繼續替氣球充氣，然後緊按着氣球的吹氣位置。

3. 父母數出「1、2、3」後放手，讓氣球在半空中飛舞。

4. 當氣球着地時，父母說出「咦？沒有啦！」配合「沒有」的手勢，讓孩子明白活動完成，也學習「沒有」的意思。

5. 如孩子表現興趣或示意繼續活動，父母可重複以上的步驟。

小貼士：

1. 以上活動對引起孩子的注意和發聲非常有效，特別適合未懂說話的孩子。父母在孩子熟悉活動後，在步驟3時，當父母說出「1、2……」後可停下來望向孩子，等待孩子說「3」，以誘導孩子說話。

2. 父母在說出「無」時，也可捉着孩子的手，協助孩子做出「無」的動作，加強孩子以手勢表達的能力。

3. 倘若孩子已懂說話，父母可引導孩子以說話要求再玩一次。若孩子的能力較高，父母也可以讓孩子替氣球充氣和主持遊戲，以加強口腔機能。

延伸活動：D2 氣球小玩偶

活動範疇：☑語言　　☑小肌肉　　☑藝術及創作

目的：

1. 加強孩子以詞語或短句表達的能力。

2. 學習撕紙條和黏貼的技巧。

3. 加強孩子以紙張創作的能力。

所需物資： 數個不同顏色的氣球、箱頭筆、用紙剪出的身體部分（如：眼睛、耳朵、鼻子、嘴巴）、報紙、漿糊

步驟：

1. 父母讓孩子以手勢、發聲或說話選擇喜歡的氣球，然後由父母把氣球充氣。

2. 孩子把報紙撕成紙條，再貼在氣球上作為玩偶的頭髮。

3. 把眼睛、耳朵、鼻子和嘴巴貼在氣球上。

4. 按需要以箱頭筆在玩偶上畫出裝飾。

小貼士：

1. 父母不要一口氣把全部的物資交給孩子。相反，父母應該先收起物資並逐項展示予孩子。當孩子拿取物資時，需要以合適的方

法，如運用動作、發聲或語言提出要求。這樣，父母就可以製造多幾次的溝通機會，讓孩子學習表達。

2. 能力較高或年紀較大的孩子，父母可讓他們替氣球充氣，以加強口腔機能。

延伸活動：D3 老虎的生日蛋糕

活動範疇： ☑小肌肉　　☑藝術及創作　　☑執行功能

目的：

1. 讓孩子學習運用雙手做出搓、按、切等不同的動作。

2. 嘗試以泥膠創作。

3. 學習按目標完成。

所需物資： 不同顏色的泥膠、製作泥膠的工具（如：小竹籤、小刀子）、蛋糕的圖片

步驟：

1. 父母展示蛋糕的圖片，或預先製作一個蛋糕作示範。

2. 父母表示要與孩子為老虎製作一個生日蛋糕。

3. 父母與孩子以玩泥膠，如以玩具刀切泥膠、把泥膠搓成粒狀或條狀，或在泥膠上挖出小孔等製成蛋糕，讓孩子學習運用雙手。

4. 完成作品後，父母可把孩子的作品與圖片或示範的作品對比，讚賞孩子能按目標完成任務。

小貼士：

1. 若父母想在活動中加入更多的語言元素，可以把所需物資逐項展示，孩子需要以恰當的方式要求所需物資，以加強表達能力。

2. 在完成作品後，父母可與孩子重讀一次故事。當讀至最後一頁時，父母與孩子利用作品為老虎慶祝生日，以增加閱讀的趣味性。

3. 如孩子的能力較高，在步驟4時，父母可請孩子説出自己製作的蛋糕與示範或圖片中的蛋糕的不同之處，以加強語言能力。

書　　名：小金魚逃走了
出 版 社：信誼
作　　者：五味太郎
適讀年齡：0-3歲

✔圖書簡介：

小金魚逃走了，牠走到窗簾上、花盆裏和糖果罐裏，讓人很難找到牠呀！書中的文字簡單，插圖用色豐富。孩子需要從每一頁中找出小金魚，這考驗孩子的視覺專注力和觀察力。這本繪本不但讓孩子覺得吸引，也會讓父母樂在其中。

✔內容導讀：

1. 父母可把圖書放在一個布袋中，再請孩子抽出來，增加介紹圖書時的趣味性。

2. 父母與孩子逐頁閱讀書中的內容，並以説話「小金魚去了哪裏呢？」或「咦？又不見了小金魚呀！」，引起孩子找出小金魚的興趣。

3. 當孩子找出小金魚時，父母可多加回應或擴充孩子的説話，以促進親子交流。

延伸活動：E1 撈小魚

活動範疇： ☑語言　　☑執行功能　　☑社交　　☑小肌肉

目的：

1. 加強以説話尋求幫忙的能力。

2. 加強解決問題的能力。

3. 學習用魚網撈起物件。

所需物資： 蒸餾水瓶、玩具海洋生物、魚網、洗臉盆

步驟：

1. 父母展示玩具海洋生物給孩子看，並以簡單説話介紹活動。

2. 父母從瓶子中倒出一點水進盆子裏，引起孩子的興趣。

3. 父母把瓶蓋擰緊，告訴孩子：「我們可以倒水呀！」

4. 孩子以手勢、聲音或説話示意要水瓶。

5. 父母把瓶子交給孩子。當孩子不能打開瓶蓋時，父母可以提示孩子把瓶子交給父母，或以手勢、發聲或説話等尋求幫忙。

6. 孩子倒水，然後學習以魚網撈出海洋生物。

7. 孩子描述自己的活動，以加強表達能力。

小貼士：

1. 父母把瓶蓋擰緊，可以製造機會，讓孩子尋求幫忙。在日常生活中，父母可同樣地製造難題，讓孩子尋求幫忙，藉以學習表達。

2. 父母多加入不同的海洋生物在水中，可以豐富活動的變化，讓孩子學習不同的詞彙和語句。

延伸活動：E2 救救小金魚

活動範疇：☑ 語言　　☑ 小肌肉

目的：

1. 以説話要求不同的杯子。

2. 學習把水舀進瓶子裏。

所需物資：舊汽水瓶、不同款式的小杯子、舊發泡膠飯盒、水、剪刀、膠紙

步驟：

1. 在舊飯盒上畫出一條小金魚，再由孩子或父母剪出。

2. 父母把舊汽水瓶的頂部剪去，把邊沿用膠紙貼好，以防弄傷手。父母再在瓶子的上方位置畫上一個刻度。

3. 父母把小金魚放在瓶底。

4. 孩子以手勢或説話指出想要的杯子，如指向想要的杯子或説出「我要紅色杯。」

5. 孩子用杯子把水舀進瓶子內，以練習手眼協調。

6. 倘若瓶內的水位升至刻度時，就可以救出小金魚完成任務了。

小貼士：

預備不同的杯子可以讓孩子感到趣味，又可以製造機會讓孩子對杯子多描述。

延伸活動：E3 找一找，動物在哪裏？

活動範疇： ☑認知　　☑大肌肉

目的：

1. 學習拼合兩塊拼圖。

2. 學習爬行和步行。

所需物資：《幼兒拼拼識字卡 —— 動物》（新雅文化出版）或自製多張一分為二的動物圖卡

步驟：

1. 父母把動物圖卡放在家中四周。

2. 父母告訴孩子小金魚有很多朋友，可是這些朋友都散落在四周。

3. 孩子以步行或爬行方式找出砌圖並拼砌好。

4. 孩子説説小金魚的朋友是誰。

F

書　　名：奇妙的顏色
　　　　　混色遊戲書
出 版 社：新雅文化
適讀年齡：0-3歲

✔ 圖書簡介：

這本書是一本有趣的參與書，孩子不但可以認識每一種顏色中相關的物件，還可以運用顏色膠片把顏色混合，變化出一種新的顏色。例如，孩子翻到紅色的一頁時，知道紅色包括了太陽和蘋果等，然後孩子可以把紅色膠片覆蓋在黃色膠片上，變化出橙色，那就知道橙色可以由紅色和黃色混合而成。

✔ 內容導讀：

1. 父母展示圖書，然後説出書名，等候孩子模仿説話。

2. 父母以生動的語調介紹不同的顏色和例子，以及示範操作膠片混色。

3. 父母可在介紹顏色或示範混色後停下，望向孩子，等待孩子的反應（註：未懂説話的孩子或會先看看圖書，又看看父母，眼神再次返回圖書，表示與父母分享自己感興趣的事物；孩子或會以手勢指向書中物件或打開手掌表示想要圖書；孩子或會以説話提出疑問或要求看書）。不論孩子是用哪一個溝通方式，只要不是搶圖書，父母就可以即時回應，例如説：「是呀！你想看圖書」，然後因應孩子的興趣一起閱讀書中的內容。

4. 父母可在與孩子介紹每一種顏色時，談及眼前的物件，如：「這間房裏面，我看到紅色的書包，還有紅色的椅子。」

延伸活動：F1 顏色大搜尋

活動範疇：☑認知　　☑語言　　☑專注力　　☑大肌肉

目的：

1. 讓孩子認識不同的顏色。

2. 聆聽一個步驟的指示，如：「雙腳跳去找紅色的物件」。

3. 讓孩子學習在干擾下，仍專注在需要處理的事情上。

4. 學習做出不同的動作，如：雙腳跳、爬行等。

所需物資：小盆子或小籃子、家中的物件

步驟：

1. 父母預備小盆子或小籃子，讓孩子盛載物件。

2. 父母說出指示，如：「雙腳跳去找紅色的物件。」

3. 孩子與父母一起完成指示。

4. 完成指示後，父母與孩子一起看看搜集到的物件，並與孩子說一說這些物件。

5. 當孩子熟習了遊戲的玩法後，父母可加入難度，在遊戲中擾亂孩子，如在孩子找尋物件時跟他說其他話題。父母可以看看孩子在被干擾後，是否仍記得自己的任務或把注意力重新返回任務中。

小貼士：

1. 對於較年長的孩子，可在遊戲中加入計時的方式，以增加刺激感。

2. 父母可因應孩子的年齡和能力要求孩子做不同的動作，如年紀較小的孩子需要雙腳跳，年紀較大的孩子可以被要求單腳跳。

3. 父母可變化以上活動，把在幾次的任務中找到的物件混合起來，孩子需要重新按顏色分類，學習顏色分類技巧。

延伸活動：F2 創作手指畫

活動範疇： ☑認知 ☑小肌肉 ☑藝術及創作

目的：

1. 讓孩子理解不同顏色的名稱。

2. 學習混色技巧，豐富創意和藝術。

3. 運用手指創作的能力。

所需物資： 碟子、手指畫顏料、畫紙、毛巾

步驟：

1. 父母展示不同顏色的手指畫顏料，逐一跟孩子介紹顏色的名稱。

2. 父母可與孩子把不同的顏料混合，感受顏色的變化。

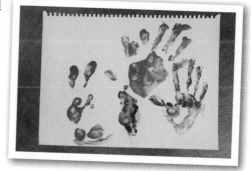

3. 父母可示範用手指或手掌印畫，或是以手部做出不同的動作再印畫，讓孩子學習靈活地運用雙手。

4. 待作品的顏料乾透後，父母可以用筆在孩子的手指印畫上加上細節，使畫作更生動。

5. 父母跟孩子一起描述作品。

小貼士：

除了印畫以外，父母可把手指畫顏料加入多些水分，再把這些較稀的顏料液滴在畫紙上，讓孩子以吸管吹動顏料創作，藉此加強口部肌肉運用的能力。

延伸活動：F3 玻璃紙世界

活動範疇： ☑認知　　☑語言　　☑小肌肉

目的：

1. 讓孩子學習運用顏色詞於句子中。

2. 學習運用剪刀剪紙。

3. 說出形狀的名稱。

所需物資： 3-4張不同顏色的玻璃紙、3-4張彩色卡紙、兒童剪刀、漿糊

步驟：

1. 父母協助孩子把卡紙對摺，並剪出不同的形狀（如：三角形或正方形）。

2. 孩子說出鏤空部分的形狀名稱。

3. 孩子剪出玻璃紙，在卡紙鏤空的部分貼上玻璃紙，製成單邊眼鏡。父母教孩子説「我貼了＿＿＿色玻璃紙」，學習説出包含顏色詞的句子。

4. 完成「眼鏡」後，父母與孩子一起以眼鏡觀察四周的事物，並説出句子「我看到＿＿＿色（物件）」，如：「我看到紅色書包。」

小貼士：

對於年紀大或能力高的孩子，父母可進一步加入以顏色玻璃紙比喻「以不同角度或方式看事物時，看法會不一樣」這個心智解讀的概念。

G

書　　　名：我真的要一個人上學嗎？
出　版　社：新雅文化
作　　　者：馬克·史柏林
適讀年齡：3-6歲

✔圖書簡介：

這是一本關於小朋友擔心上學的圖書。今天是小男孩第一天上學。他答應不要帶大熊上學，因為大熊會帶來很多問題。可是，他真的不放心一個人上學，他不知道會發生什麼事呢！後來，他發現，無論上學會怎樣，大熊永遠都會等着他呢！

✔內容導讀：

1. 父母準備小熊玩偶，請孩子猜猜今天的圖書是關於什麼。

2. 父母讀出書名，並請孩子細心觀察封面。

3. 父母與孩子逐頁閱讀書中的內容，特別是說到大熊上學時的問題時，父母可以誇張的表情和語氣演繹。

✔備注：

這本書的文字不多，非常適合孩子學習自行閱讀或學習朗讀書中內容。

延伸活動：G1 上學用品袋棉胎

活動範疇：☑認知　　☑專注力　　☑社交

目的：

1. 分辨出上學用品和非上學用品。

2. 專注在活動上，按情況作出反應。

3. 輪流作轉，遵守遊戲規則。

所需物資：上學用品卡片（40張，物件可重複）、其他物品卡片（10張）

步驟：

1. 父母列印出不同的上學物品和非上學物品在卡片上。

2. 父母把卡片朝下洗勻，平均分給每人。

3. 各人輪流翻開卡片放在桌上,當翻開的卡片並非上學用品時,各人鬥快拍卡。

4. 最慢者就要拿走桌上的所有卡片,並按步驟3的方法繼續遊戲。

5. 最快把手上的卡片出掉的人就是勝利者。

小貼士:

1. 年紀較小的孩子未必能同時兼顧出牌和看牌,父母可以減慢遊戲的速度,讓孩子能參與其中。

2. 年紀較小的孩子未必能快速地分辨出非上學用品,父母可在遊戲開始前與他們分辨物品,才開始遊戲。

延伸活動:G2 學校設備對對碰

活動範疇:☑語言　　☑執行功能

目的:

1. 説出學校設備或設施的用途。

2. 加強記憶力。

所需物資:學校設施或設備的卡片

步驟:

1. 父母選出5項學校的設施或設備,然後列印在卡片上(每款設施或設備共畫出或列印2張卡片)。

2. 父母把這10張卡片反轉,洗勻,然後分成兩行排在桌子上。

3. 孩子翻開其中兩張卡片,如果是相同的話,就可以説説這些設施或設備是什麼。如果兩張卡片不是相同的話,就需要重新反轉卡片。

4. 當所有人取走桌上的卡片時，遊戲就會結束。

小貼士：

1. 如果孩子的能力較高，可採用數目較多的卡片。

2. 父母可以教導孩子一些記憶的方法，如在心中一邊唸出「第_____行，第_____張卡是_____」，一邊玩遊戲。

延伸活動：G3 我的時間表

活動範疇： ☑執行功能　　☑藝術及創作

目的：

1. 說出上學期間的時間安排。

2. 設計時間表。

所需物資： 相機、打印機、顏色筆、畫紙、透明文件夾、白板筆

步驟：

1. 父母與孩子說一說放學後的活動流程。

2. 孩子以相機拍下代表該流程的照片，再交由父母列印出來。

3. 孩子以相片及畫圖製作和裝飾時間表。

4. 父母把孩子的時間表放在透明的文件夾內，每天放學後按時間表辦事。孩子在完成的項目上用白板筆劃上剔號。

5. 每天過後，孩子可以濕紙巾擦掉剔號，下一天再重新使用時間表。

小貼士：

孩子的時間觀念仍未發展成熟，有時也未能判斷事情的後果，因此常出現不願意完成重要事情的情況。即使父母口頭跟孩子解釋，但因孩子的理解力有限，因此也未必明白父母的意思。父母若希望孩子學習安排時間，可以誘導孩子運用時間表，以視覺形式提示自己。此外，讓孩子在完成的活動上加上剔號，可以讓孩子清楚知道自己尚有什麼需要完成，以及事件完成的先後次序，對加強孩子的執行功能發展很有幫助。

H 書　　名：中國傳統節日立體書
出 版 社：新雅文化
作　　者：繪動圖書
適讀年齡：3-6歲

✔**圖書簡介：**

本書依次序介紹15個中國節日，包括春節、元宵節、清明節、端午節、七夕節、中秋節、重陽節、臘八節、小年、除夕、龍抬頭、寒食節、上巳節、中元節和下元節。書內有11個超震撼立體場景及4個小立體場景，孩子只要拉動書中的機關，就可以控制場景，如令書中的角色做出拜年的動作，或進行舞龍和猜燈謎，可以加深孩子對每個節日的印象。孩子還可利用隨書附送的配件和貼紙，動手製作「除夕」的3個超大立體場景。

✔內容導讀：

1. 父母展示書中其中一個立體場景吸引孩子。

2. 孩子與父母一起閱讀圖書並描述書中的節日。

3. 父母可連繫日常生活中的生活經驗，跟孩子分享節日。

✔備注：

父母可在節日前與孩子閱讀書本內該節日的內容，讓孩子對節日有相關的認識。在節日過後，父母可與孩子重讀有關的內容，互相分享生活經驗。

延伸活動：H1 節日事物猜一猜

活動範疇：☑認知　　☑語言　　☑社交　　☑執行功能

目的：

1. 增加對節日的知識。

2. 學習提問和追問技巧。

3. 學習與對方一問一答。

4. 能綜合不同資料作分析。

所需物資：白板、白板筆

步驟：

1. 父母把與節日相關的其中一件物品或食物畫在白板上。

2. 父母把白板反轉，不要讓孩子看到答案。

3. 孩子提問父母不同的問題，如：「它是關於什麼節日的？」、「它是食物嗎？」

4. 孩子綜合父母提供的資料，猜出答案。

小貼士：

1. 若父母想提升活動的難度，可以規限孩子只發問「是不是？」問題，如：「它是不是與中秋節有關？」、「它是不是可以吃的？」

2. 若父母想降低難度，可展示數個不同的節日物品，孩子從物品中選出答案。

🔍 延伸活動：H2 五感說一說

活動範疇： ☑大肌肉　　☑語言

目的：

1. 加強瞄準物件完成動作的能力。

2. 加強圍繞着五個感官（視覺、聽覺、味覺、嗅覺、觸覺）描述物件的能力。

所需物資： 5個小膠桶/沙灘桶、5條毛巾、數個乒乓球、代表5個感官的圖案

步驟：

1. 父母在5個膠桶下分別貼上「眼」、「耳」、「口」、「鼻」、「手」的圖案。

2. 父母在膠桶內放上毛巾，以防乒乓球從桶內彈出。

3. 孩子從書中選出一個與節日有關的物件，如「月餅」。

4. 孩子站立，把乒乓球彈在地上，再看看乒乓球會彈入哪一個桶裏。如乒乓球彈進了「眼」的膠桶裏，則描述「月餅」的視覺特點，如顏色、形狀和大小。

小貼士：

如孩子能力較高，父母可讓孩子把5個球彈進桶子裏，孩子再依入球的次序描述，如孩子入球的次序是眼→手→耳→鼻→口，孩子則依視覺→觸覺→聽覺→嗅覺→味覺描述有關「月餅」的資料，如：「它是正方形的，啡色的，切開時可以看到鹹蛋黃的。它拿上去有一點重量，上面有凹凸的文字。咬下它時沒有聲音的。它香噴噴的，吃起來甜甜的。」

延伸活動：H3 時人地事拋一拋

活動範疇：☑語言　　☑大肌肉

目的：

1. 學習瞄準目標拋球。

2. 以四素句「時間＋人物＋地點＋事情」簡單敍述事件。

所需物資：粉筆、皮球

步驟：

1. 父母在地上以粉筆畫出3個大正方形，並在正方形內寫上「人物」、「地點」、「事情」。

2. 孩子在書中揀選一個節日。

3. 孩子把皮球拋向其中一個正方形，並說出有關的資料。例如孩子選了中秋節，又把皮球拋到「人物」中，孩子可以說出在中秋節與誰一起度過。如：「在中秋節，我跟媽媽一起。」；如孩子把皮球拋到「地點」中，可說說在中秋節到了哪個地方；如孩子把皮球拋到「事情」中，孩子可以說說在中秋節可以做什麼。

4. 待孩子熟習了有關「人物」、「地點」、「事情」後的有關資料後，父母可請孩子把資料以四素句串連起來，如：「在中秋節，我和媽媽到大坑看舞火龍。」

O

書　　　名：千奇百趣的嘴巴
出 版 社：新雅文化
作　　　者：尹小英
適讀年齡：3-6歲

✔ **圖書簡介：**

嘴巴的用途有很多，除了是用來吃東西和說話外，還有些特別的用途，例如是哺育新生命、打架和保存食物等。書中除了介紹不少與嘴巴相關

的知識外，也介紹了舌頭的用處。在書本的最後部分，還有口肌練習，讓孩子學習動動嘴巴呢！

✔內容導讀：

1. 父母可塗上色彩較誇張的唇膏，說今天介紹的圖書與臉上的五官有關。

2. 父母請孩子看看自己的哪一個五官與平日有不同。

3. 父母與孩子閱讀並解釋書中的內容，再隨孩子的需要回應。

4. 父母與孩子完成書中的口肌活動。

✔備注：

父母除了透過口肌活動（如吹氣、模仿動作）提升孩子的口腔機能外，也可以讓孩子嘗試不同質感和味道的食物，加強孩子的口腔感知能力和活動能力。

延伸活動：11 嘴唇也賽跑

活動範疇：☑小肌肉　　☑社交

目的：

1. 加強嘴唇或舌頭協調的能力。

2. 學習參與競爭性遊戲。

所需物資：計時器、紙巾

步驟：

1. 父母設定比賽時間為30秒。

2. 在30秒內，孩子需要説出最多的「巴巴巴巴巴……」或「爬爬爬爬爬……」或「打打打打打……」，説的「巴」、「爬」、「打」越多越好。

3. 當説出「爬爬爬爬爬……」時，父母可把一張紙巾放在孩子的嘴唇前，讓孩子在説話時把紙巾吹起，加強説話準確性。

4. 誰説得最多「巴」、「爬」、「打」，誰就是冠軍。

小貼士：

如孩子在以上活動表現良好，父母可以把「巴」、「爬」、「打」三個字混合快速地説出（即是「巴爬打」，以提升協調上的難度）。

延伸活動：12 小船過大海

活動範疇：☑小肌肉　　☑社交

目的：

1. 加強孩子圓唇吹氣的能力。

2. 學習一來一往的互動遊戲。

3. 學習摺紙技巧。

所需物資：手工紙、水、盆

步驟：

1. 父母與孩子摺出小紙船，然後放在盆中的水面。

2. 父母與孩子面對面站着，盆子放在二人中間。

3. 孩子把紙船吹給父母，父母再吹回給孩子，來來回回，藉此練習口肌。

小貼士：

1. 吹氣是一個很好的練習，加強孩子身體各個發音器官的協調。

2. 父母也可以把乒乓球放在水中重複以上的活動，增加活動的變化。

延伸活動：13 嘴唇印畫

活動範疇：☑小肌肉　　　☑藝術及創作

目的：

1. 提升孩子活動嘴唇的能力。

2. 以嘴唇創作圖畫。

所需物資：番茄醬、沙律醬、芝麻醬、花生醬等不同的醬料、畫紙

步驟：

1. 父母示範不同的嘴形，如「嘟嘴」、「張開嘴巴」、「抿嘴」等。

2. 孩子的嘴唇塗上其中的一種醬料，然後做出不同的嘴形，再印在畫紙上。

J

書　　　名：快樂鞋子
出 版 社：新雅文化
作　　　者：嚴吳嬋霞
適讀年齡：3-6歲

✔圖書簡介：

一天晚上，哇啦豆豆睡不着，於是與土土熊一起外出去玩。土土熊一揮動魔法棒，家中的鞋子就排好隊，跟着哇啦豆豆一起外出去玩。他們到達了一個遊樂場，在月光下，大家盡情玩樂。上學鞋姐妹玩鞦韆、雨靴鑽進大水管裏、爸爸鞋和媽媽鞋一起玩蹺蹺板等。遊樂場裏已很久沒有傳出那麼愉快的歡笑聲了。最後，大家帶着笑容回家。

✔內容導讀：

1. 父母指一指自己穿着的鞋子，然後問：「這個故事與剛才指出的物件有關，你看到我剛才指出什麼嗎？」

2. 父母以生動的語調和表情動作等演繹書中情節。

3. 這是一個充滿想像的故事。父母在閱讀時，可引導孩子創意和幻想，例如：「如果你有一枝魔法棒，你會變出什麼？」又或是描述自己的幻想，如：「如果我鰲晚也不用睡覺，我也想到遊樂場。我估計會遇見……」

✔ 備注：

父母在閱讀中與孩子討論「期望」和「原因」是讓孩子學習心智解讀的好機會，例如父母為什麼期望孩子早些睡覺？孩子又有什麼期望？當孩子達到期望後，又會有什麼感受？「期望」是否符合「事實」影響了人的感受，值得孩子去了解。

🔍 延伸活動：J1 孩子設計鞋子

活動範疇： ☑語言　☑小肌肉　☑藝術及創作　☑心智解讀

目的：

1. 加強描述物件的能力，如就外形、用途和特別之處等作出描述。

2. 學習執筆填色，創作自己喜歡的作品。

3. 讓孩子自由發揮，設計自己喜歡的鞋子。

4. 明白每人都是不同的，所以喜歡的東西都不同。

所需物資： 鞋子線條圖、顏色筆、金粉膠水、不同形狀的彩麗皮、打印機

步驟：

1. 在網上搜尋器（如雅虎、Google）中輸入「鞋」、「線條圖」或「shoes」、「line drawing」等字眼搜尋鞋子線條圖，然後列印出來。

2. 孩子按自己喜好，設計出自己喜歡的鞋子，如塗上不同的顏色或貼上不同形狀的彩麗皮。

3. 孩子就鞋子的外形、用途和特別之處等特點描述自己的作品。

4. 父母可問孩子：「為什麼你設計的鞋子跟我的不同？」，藉此帶出每個人的喜好不同，因此會有不同的選擇和設計這個心智解讀的概念。

延伸活動：J2 孩子，鞋子有什麼不同？

活動範疇：☑認知 　☑語言 　☑大肌肉

目的：

1. 加強觀察事物的能力。

2. 學習以說話表達物件之間的不同之處。

3. 練習單腳站立的能力。

所需物資：清潔好的5至6雙鞋子

步驟：

1. 父母在家中把清潔好的鞋子放在孩子面前。

2. 孩子選出其中兩雙鞋子，以完整的句子有條理地說出它們的不同，如：「左面的鞋子是紅色的，但是右面的鞋子是黃色的。」

3. 在思考和說話的過程中，孩子需保持單腳站立。

小貼士：

父母也可與孩子在百貨公司的鞋部與孩子比較鞋子的不同。

延伸活動：J3 看看誰不同

活動範疇：☑認知　　☑專注力

目的：

1. 提升孩子的分類能力。

2. 提升孩子的視覺專注力。

所需物資：不同的衣服相片、水果相片、衣服相片

步驟：

1. 父母準備不同的衣服相片、水果相片和
食物相片。如欲節省時間，可以使用
《新雅幼兒識字卡 —— 水果、食物、
衣服》。

2. 父母把相片洗勻，卡面朝下。如使用識
字卡，請把卡背的文字以便利貼蓋住。

3. 父母跟孩子說：「待會我會一張一張的翻
開相片，如翻開相片不是衣服，你要立即拍手。」

小貼士：

若父母想增加遊戲的難度，考驗孩子的反應，可以請孩子在發現物
件不是衣服時，以間隔的方式做出拍手和蹲下的動作示意。例如：
當父母翻開相片時，孩子發現是蘋果，就要拍手。父母繼續翻開相
片，當孩子發現相片是蛋糕時，就要蹲下。這樣，孩子需同時留意
翻開的相片，又要兼顧做出不同的動作，可以鍛煉孩子的分散性注
意力。

K

書　　　名：*The Gruffalo*
出 版 社：Pan MacMillan
作　　　者：Julia Donaldson
適讀年齡：3-6歲

✔圖書簡介：

老鼠阿斗在一個陽光普照的時間在黑森林散步，牠遇到了不少想把牠吃掉的動物。聰明的阿斗稱自己約了森林裏的大怪獸古飛樂（Gruffalo），其他動物從未見過古飛樂，但被阿斗的形容嚇得立即溜掉。原來，古飛樂是阿斗虛構出來的。怎料，最後阿斗竟然碰到了古飛樂。幸好，阿斗再次憑自己的智慧成功脫險。

✔內容導讀：

1. 父母把圖書的一角展示給孩子看，問孩子：「這本書是關於什麼呢？」

2. 孩子依封面的小部分，猜出書中的內容。

3. 父母與孩子逐頁閱讀書中的內容，並繪聲繪影地描述書中的內容。

延伸活動：K1 動物順序找找看

活動範疇：☑語言　　☑專注力

目的：

1. 孩子留心聽故事，明白故事的資料性內容。

2. 加強孩子聆聽專注力。

所需物資：卡片、打印機

步驟：

1. 父母在卡片上畫出或列印出故事中出現的動物。

2. 父母說故事，在故事完成後，請孩子把故事出現的動物按次序排列。

小貼士：

假如孩子的年齡較小，父母可減少卡片的數目。

延伸活動：K2 古飛樂來了

活動範疇：☑心智解讀　　☑執行功能

目的：

1. 加強理解別人眼神意思的能力。

2. 讓孩子學習立即取卡，不作拖延。

所需物資：K1遊戲中製作的卡片

步驟：

1. 父母把卡片分散放在桌上的不同位置。

2. 父母說：「古飛樂要出來捉動物了，請你幫忙救動物。」

3. 父母說他們知道古飛樂會捉哪一隻動物，但他們不想古飛樂聽到，於是會與孩子以眼神示意。

4. 父母以眼神望向其中一張卡片，孩子立即拿走那張卡片，以救走動物。

小貼士：

如果孩子對理解父母的眼神有困難，父母可以加入動作提示他們。

延伸活動：K3 老鼠阿斗的感受

活動範疇：☑語言　　☑大肌肉　　☑心智解讀

目的：

1. 學習以感受詞（如：開心、傷心、害怕、生氣），描述他人的感受。

2. 理解情境與情緒的關係。

3. 學習青蛙跳。

所需物資：4張白紙、筆

步驟：

1. 父母在每張白紙上各自畫出4個感受的表情（如：開心、傷心、害怕、生氣）。

143

2. 父母請孩子説出表情的意思，學習辨識感受。

3. 父母説出*Gruffalo*故事，在每個情節後，孩子以青蛙跳的方法跳到合適的表情（例：阿斗見到古飛樂時是害怕，因此孩子跳到畫了「害怕」的表情。）

小貼士：

若孩子的能力較高，父母可教導孩子以較高階的感受詞作描述，如以「高興」代替「開心」。

書　　　名：什麼都不愛吃的皮皮
出　版　社：新雅文化
作　　　者：茉莉亞‧賈曼
適讀年齡：3-6歲

✔圖書簡介：

皮皮什麼都不愛吃，吃飯時總會鬧脾氣，爸爸媽媽也拿她沒辦法。皮皮因為沒吃東西，所以越長越小。家中的花貓以為皮皮是隻小老鼠，所以一口把她吞下。幸運地，花貓沒有吃掉她。皮皮於是下了決心改過，最後她什麼也願意吃，還學會了烹飪。

✔內容導讀：

1. 父母在小布袋中放5、6件玩具食物，例如：粟米、番茄、牛排等。

2. 孩子從布袋中抽出玩具食物，問一問孩子：「你猜今天的故事是關
   於什麼的呢？」

3. 孩子嘗試猜出。父母帶出今天的故事是關於食物。

4. 父母與孩子一起閱讀故事。

✔ 備註：

在心智解讀的理論中，信念或想法會影響人的行為和感受。在閱讀繪本
時，父母可以請孩子猜一猜皮皮有什麼想法令她什麼都不吃，藉此讓孩
子學習估計對方的想法。此外，父母也可以提及想法與感受的關係，例
如皮皮覺得食物不好吃，因此每次叫她吃東西時，她都會感到不開心。

延伸活動：L1 蔬菜印畫

活動範疇：☑藝術及創作　　☑小肌肉　　☑語言

目的：

1. 學習以手抓物件作印畫。

2. 以蔬菜創作藝術。

3. 以說話描述自己的作品。

所需物資：西蘭花（切成小塊）、蓮藕（切成厚片）、番茄（切成厚
　　　　　　片）、蘑菇、荷蘭豆、手指畫顏料、畫紙、碟子

步驟：

1. 孩子把蔬菜沾上顏料，然後在畫紙上印出圖案，創作圖畫。

2. 以不同蔬菜作印畫時各有不同的特色，如西蘭花像大樹、蓮藕像車輪等。

3. 孩子完成畫作後，可以說話介紹畫作。

小貼士：

家長把蔬菜加入在愉快的活動中，可以減少孩子對蔬菜的抗拒感，有助他們接受進食蔬菜（父母可準備少量的食物給孩子玩，減少浪費）。

延伸活動：L2 食物日記

活動範疇： ☑認知　　☑小肌肉

目的：

1. 讓孩子嘗試不同的食物，減少對食物的抗拒。

2. 加強口肌的活動能力。

所需物資： 不同的「新奇食物」、筆記本、筆

步驟：

1. 父母展示1、2款新奇食物（即是孩子未嘗試過的食物）。

2. 父母在孩子面前嘗試進食這些新的食物，並擺出一個很享受的樣子。

3. 孩子嘗試新食物，並把食物的名稱記錄在筆記本中。

4. 孩子在一段時間後檢視自己已嘗試的食物，自我給予鼓勵。

小貼士：

1. 孩子開始時未必接受新食物，父母可讓孩子嗅一嗅食物，或者用舌頭碰一碰食物，這樣幫助孩子循序漸進地適應新食物。

2. 在嘗試「新奇食物」時，父母或可選用一些健康的零食，以吸引孩子。

延伸活動：L3 皮皮的小廚師

活動範疇：☑語言　　☑大肌肉　　☑專注力

目的：

1. 提升孩子聆聽指令的能力。

2. 學習對準目標拋擲物件。

3. 記憶製作菜式的材料。

所需物資：《新雅幼兒識字卡 — 水果、食物、衣服》、寶貼、吸盤球

步驟：

1. 父母把水果和食物識字卡用寶貼貼在牆上。

2. 孩子當皮皮的廚師，購買今天的食材。

3. 父母説出包含數個食物名稱的指令（如：買蘋果、香蕉和麵包），孩子把吸盤球拋向有關的食物。

小貼士：

父母可邀請孩子自行決定今天的食材。孩子把吸盤球拋向所需的食物，再説出來以練習表達能力。

M

書　　　名：你們都要聽我的！
出　版　社：新雅文化
作　　　者：珍妮‧威利斯
適讀年齡：4歲或以上

✔ 圖書簡介：

小犀牛不願意聽別人的説話，牠經常都大吼大叫，説：「你們都要聽我的！」牠認為自己是最大的，不願意與人分享。有一次，小犀牛因為沒聽侏儒鼠的勸告，差點失去性命。從此以後，小犀牛願意聽話，因為牠知道自己年紀還小，要聽別人的説話。

✔ 內容導讀：

1. 父母把告示貼剪成封面字體的大小，然後用告示貼把書名的每一個字遮蓋着。

2. 孩子把告示貼逐張移開，説出今天要看的圖書。

3. 父母與孩子一起閱讀圖書，並請孩子特別留意小犀牛的行為會令人有什麼感覺。

延伸活動：M1 耳朵篩一篩

活動範疇：☑語言　　☑大肌肉　　☑執行功能　　☑專注力

目的：

1. 過濾不合適的資料，學習準確地聆聽指示。

2. 練習不同的動作。

3. 聽到指示後，立即執行而不作拖延。

4. 在活動上維持專注力，學習一心二用。

所需物資：坐墊、椅子、盆子、3個小皮球

步驟：

1. 父母把所需的物資放在房間四周。

2. 父母跟孩子好像「閒聊」一樣，但在說話間會夾雜給予孩子的指令。孩子需要仔細地聆聽父母的說話，一聽到父母的指令，就需要立即行動。

3. 父母在孩子執行指令後繼續「閒聊」。孩子需要一直維持專注力和過濾不需要的資料，還需要一心二用一邊完成指令，一邊聆聽。例如，父母說：「今天我們看了幾本圖書，例如有《快樂鞋子》、《你們都要聽我的！》，還有《奇異的種子》，請你單腳跳去椅子……我喜歡《奇異的種子》，因為它讓我學到了正面說話。拋兩個球去盆裏面。」

小貼士：

在日常說話中，很多時訊息都是夾雜在說話間，孩子要懂得分辨是否重要和與自己相關。就好像在學校聽老師宣佈，都不一定全部與自己有關，孩子需要篩選並記憶重要的資料。

延伸活動：M2 小犀牛的水果

活動範疇： ☑認知　☑語言

目的： 找出各水果的不同之處並加以描述。

所需物資： 6-8款玩具水果、眼罩、布袋

步驟：

1. 父母把玩具水果放在一個布袋中。

2. 孩子戴上眼罩，然後抽出其中兩個水果並猜一猜它們是什麼。

3. 孩子脫掉眼罩，然後仔細地觀察水果，並說出他們的異同之處（能想到的點子越多越好）。例如：「士多啤梨跟蘋果都是紅色的；士多啤梨是又酸又甜，但是蘋果是甜的。」

小貼士：

如孩子想不到水果之間的異同之處，父母可從水果的外形、味道、大小、在哪個季節會吃到等特點提示孩子。

延伸活動：M3 動物節拍

活動範疇： ☑大肌肉　☑執行功能　☑專注力

目的：

1. 提升孩子組織和整理資料的能力。

2. 加強動作協調的能力。

3. 加強持續地專注的能力。

所需物資：卡片、顏色筆

步驟：

1. 在卡片上畫出或寫出《你們都要聽我的！》內出現過的其中6種動物。

2. 父母與孩子商量每種動物代表的動作，例如犀牛代表拍手、野豬代表蹲下、狐 代表轉圈、侏儒鼠代表單腳跳起、牛羚代表踏腳、大象代表雙腳跳起等。

3. 把卡面朝下，洗勻這6張動物卡片並打橫排列在桌子上。

4. 孩子翻開卡片，按卡片的次序，連串地做出動作。例如卡片的次序是「牛羚➔侏儒鼠➔大象➔犀牛➔狐 ➔野豬」，孩子就要連串地做出「踏腳➔單腳跳起➔雙腳跳起➔拍手➔轉圈➔蹲下」。

小貼士：

1. 若想提升難度，可以父母與孩子順着卡上的次序一人做一個動作。那麼，孩子既需要維持專注力安排動作，也需要留意對方的動作接續下去。

2. 如父母想降低難度，可以把卡片的數量減少。

書　　　名：我就是不想跟你玩！
出 版 社：新雅文化
作　　　者：皮拉爾·沙雲奴
適讀年齡：4歲或以上

✔圖書簡介：

這是一個關於交友、孤立別人和被孤立的故事。愛瑪是一名插班生。自從愛瑪來了，安娜和其他同學的生活都變得不快樂。愛瑪常取笑安娜，又挑撥其他人不可以與安娜玩。愛瑪非常霸道，會在遊戲時訂很多規則，又強迫同學把午餐送給她。後來，素兒勇敢地作出反抗。漸漸地，其他同學都發覺跟誰一起玩和怎樣相處會比較快樂和自在。

✔內容導讀：

1. 父母把書本的書名遮蓋，請孩子根據封面上的圖畫，猜猜這本書的內容。

2. 閱讀時，父母可以生動地演繹主角的語氣和感受。

3. 父母可多描述人物的表情和身體語言，讓孩子明白人物的感受。

延伸活動：N1 玩蛇棋，學交友

活動範疇： ☑語言　☑社交

目的：

1. 以説話表達友好。

2. 學習與朋友相處之道。

所需物資： 蛇棋

步驟：

1. 父母與孩子一起玩蛇棋。

2. 當孩子擲骰子擲到「3」或「6」時，孩子可以説出一個跟朋友相處的友善行為，例如「當朋友不開心時，可以安慰朋友。」

3. 父母也可以假設一些情境，請孩子説出社交解難的方法，例如：「我們想邀請朋友一起玩，可以怎樣做？」

延伸活動：N2 紙筒傳情

活動範疇： ☑語言　　☑社交　　☑心智解讀

目的：

1. 説出跟朋友相處的友善説話。

2. 代入朋友的角度，想想要怎樣説話才可以令別人與我們相處時感到舒服。

所需物資： 10個紙筒（如沒有，也可以用A4紙製作）、膠紙

步驟：

1. 父母和孩子用膠紙把紙筒串連起來，成為一條長長的「紙筒隧道」。

2. 孩子站在紙筒隧道的一端，父母則站在另一端。

3. 孩子把一些交朋友的友善說話透過「隧道」告訴父母。

4. 父母報告出孩子所說的友善說話，看看傳遞是否準確。

小貼士：

父母可與孩子交換角色，由父母說出交朋友的友善說話，孩子負責報告。

延伸活動：N3 鬥快人力車

活動範疇： ☑大肌肉　　☑社交　　☑心智解讀

目的：

1. 進行「人力車」活動，練習雙手力度。

2. 明白有朋友的好處。

3. 了解「信念」有時會有錯。

4. 明白「看見了才知道」的概念。

所需物資：不同的玩具 （如： 布偶、小車子、棋類）、有蓋的盒子、椅子

步驟：

1. 父母把家中的兩個地方各自設定為「起點」和「終點」，然後把盒子置於「終點」位置。

2. 父母把其中一款玩具放進盒子裏，不讓孩子看見。

3. 父母請孩子以雙手從起點「步行」至終點，腳不能碰到地下，並看看盒子內有什麼玩具（孩子應該沒有能力獨自做到這要求）。

4. 孩子未能做到要求時，父母問孩子：「如果有人幫你提起雙腳，你估計可以做到嗎？」，帶出有別人幫忙是很重要的。

5. 父母提起孩子的雙腿，讓孩子以手掌撐着地下「步行」前進。

6. 孩子到達終點後，看看盒子內的玩具是什麼。

7. 孩子坐在椅子上，合上眼睛休息。父母悄悄地把盒子裏的玩具換成另一款。

8. 父母請孩子張開眼，父母問孩子：「你知道盒內是什麼嗎？」

9. 孩子應該會説是之前看到的玩具。父母揭曉答案，並告訴孩子説剛才玩具被掉包了，問問孩子為何不知道。

10. 父母帶出我們相信的事情會被我們看到的事情影響。如果我們沒有看見，就可能不知道了，也帶出有時信念可能是錯的。

小貼士：

如活動現場有多一個人的話，可以請該人士拍攝活動的短片，再在解釋時重播一次短片，孩子自然更容易明白事情的經過，學習心智解讀了。

書　　名：社區體驗系列：
　　　　　別在超市裏搗蛋
出 版 社：新雅文化
作　　者：李然喜
適讀年齡：3-6歲

✔圖書簡介：

今天，很多小動物來到了超級市場，超級市場似乎出現了一些混亂的情況。小豬哭了起來，很多動物跑去買紅蘿蔔、小猴子又胡亂地把香蕉放進了購物車……究竟，孩子在超級市場可以怎樣做呢？在這繪本中，孩子可以提高在超級市場的安全意識並學到在超級市場的好行為。

✔內容導讀：

1. 父母表示，今天會用繪本帶孩子到一個地方。父母停下來不說話，看看孩子會否主動猜一猜會到什麼地方。父母也可直接問孩子，猜一猜今天的故事發生在哪裏。

2. 父母與孩子一起閱讀圖書，父母生動地演繹書中內容。

3. 父母多描述現場環境和規則，讓孩子理解書中內容。

延伸活動：01 噢！這不是食物呀！

活動範疇：☑語言　☑專注力

目的：

1. 認識與食物有關和不相關的物件名稱。

2. 學習持續地專注在活動中，加強聽覺專注力。

所需物資：--

步驟：

1. 父母接連說出超級市場貨物的名稱，其中大部分是食物，另一些不是食物。

2. 當孩子聽到不是食物的貨物時，需要立即舉手。例如，父母說：「蘋果、香蕉、蛋糕、紅蘿蔔、信封……」，當孩子聽到「信封」時，要立即舉手。

小貼士：

孩子需要一定的聆聽專注力才可以理解課堂的內容。父母平日可多培養孩子「合上嘴巴，專心地聽，用心記下」的良好習慣。

延伸活動：02 整理貨架

活動範疇：☑認知　☑語言

目的：

1. 加強分類和說出類別的能力。

2. 學習以完整和有條理的句子解釋錯處。

所需物資：5個籃子或盆子，貨物種類名牌、不同類別物件的圖卡

步驟：

1. 父母把不同物品的圖卡分類放在盆子裏，並在盆子旁貼上貨物種類名牌。

2. 父母刻意把一些圖卡放錯在不適合的盆子裏。

3. 孩子以完整和有條理的說話解釋錯處，如：「蘋果放在玩具類是錯的，應該放在水果類。」

延伸活動：03 設計海報

活動範疇：☑語言　　☑小肌肉　　☑藝術及創作

目的：

1. 學習簡單書面表達的技巧，如：把字體或圖案展示清楚。

2. 加強運用剪刀的能力。

3. 學習製作海報。

所需物資：畫紙、手工紙、顏色筆、剪刀

步驟：

1. 父母與孩子一起設計一張超級市場海報，上面會有超級市場的減價貨品。

2. 孩子剪出手工紙或以繪畫方式裝飾和製作海報。

3. 製作時，孩子需要想想海報的資料是否清楚，如：字體和圖畫的大小是否足夠、資料是否能令別人看清楚等。

書　　　名：漢堡包和叉燒包
出 版 社：新雅文化
作　　　者：阿濃
適讀年齡：4歲或以上

✔圖書簡介：

小強和爺爺買圖書後，本來打算高高興興地吃午飯，怎料竟然爭論起來。爺爺想去飲茶吃叉燒包，但小強卻想吃漢堡包！於是，爺爺和小強分道揚鑣。最後，大家因為彼此掛念就去找回對方。故事的文字簡潔，對祖孫二人的心理刻劃非常細緻，充滿了溫情，帶出了兩代人想法上的差異，需要彼此了解和欣賞。

✔內容導讀：

1. 父母可在與孩子到快餐店前或上酒樓前閱讀此書，並介紹：「這本書跟我們今天會到的地方有關。」

2. 父母與孩子逐頁閱讀書中的內容。

3. 在討論中，父母可以多問一些有關人物想法和感受的問題，以加強孩子心智解讀的能力。例如：「為什麼爺爺知道小強不願意去茶樓時，他會感到生氣？你猜猜爺爺在想些什麼？」、「小強找不到爺爺時，會有什麼感受？」

4. 父母可引導孩子把書中內容連繫至個人經驗中，藉以思考處理人際問題時的解決方法。例如：「你試過跟別人的意見不一樣嗎？你會怎麼辦？」

5. 父母與孩子分享自己相關的經驗，豐富孩子對人際關係的理解，並加強社交解難的技巧。例如：「如果我們與別人的意見不一樣時，可多了解對方為什麼這樣想。」、「我們或者可以輪流讓步」等。

✔ 備註：

孩子的心智解讀能力尚未成熟，加上沒有豐富的人生經驗，父母在解釋人物的想法和感受時，可以多説明大家想法不同的原因，如「因為每個人都有不同的性別、年齡、喜歡的事物等，所以每個人的想法都不同」等。

🔍 延伸活動：P1 感受詞面譜

活動範疇：☑語言　☑小肌肉　☑心智解讀　☑藝術及創作

目的：

1. 辨別不同情緒的特徵。
2. 加強孩子運用感受詞的能力。
3. 加強孩子撕貼紙塊的能力。
4. 學習以紙塊作拼貼藝術。

所需物資：數個紙碟、舊報紙/舊雜誌、膠水、顏色筆

步驟：

1. 父母與孩子預備數個紙碟。

2. 孩子找出書中的感受詞，
   然後父母與孩子在紙碟上
   畫出表情製成面譜。

3. 孩子在舊報紙或舊雜誌
   上撕出小紙塊拼貼成表
   情面譜。

4. 父母與孩子演繹書中的
   故事。當說到某個感受時，孩子
   可即時把面譜舉起。

小貼士：

1. 描述別人的感受時，孩子很多時都會以「開心」、「不開心」
   表達，欠缺了仔細精確的詞彙。父母可以問題形式讓孩子選擇
   （如：小強會覺得「焦急」還是「自豪」？），協助孩子以合適
   的詞彙描述別人的感受。此外，父母在日常生活中也要多以精確
   的詞彙分享自己的感受，讓孩子耳濡目染，準確地表達自己的感
   受。

2. 當孩子未能說出主角的感受和想法時，父母可多指向書本中人物
   的表情，解釋當時的事件和指出主角當時的說話，引導孩子綜合
   這3方面作出分析。這個教導方式，會讓孩子逐漸學到多留意對
   方的表情，並綜合分析對方的說話和情境，了解對方的真正感受
   和想法。平日父母也可多鼓勵孩子想一想別人的感受和想法，讓
   孩子學習察言觀色，成為善解人意的人。

延伸活動：P2 新詞 Go Go Go

活動範疇：☑語言　　☑大肌肉

目的：

1. 加強孩子解釋詞語的能力。

2. 加強孩子單腳跳和單腳平衡的能力。

所需物資：數張A4紙、筆

步驟：

1. 父母預備數張A4紙。父母與孩子在閱讀圖書後，把書中的新詞
   （如：人頭湧湧、享受、難為情）逐一寫在每一張A4紙上並貼在
   地上。

2. 父母播放音樂，當音樂停下時，孩子單腳跳到其中一個詞語上。

3. 孩子需要站在紙上，單腳平衡，同時解釋詞語的意思。在教導孩
   子解釋詞語時，可引導孩子把詞語分拆或舉例作解釋。例如：
   「人頭湧湧」即是人的數目很多，好像海浪的湧上來。

4. 父母與孩子重複以上步驟，直至到訪過所有的詞語。

小貼士：

1. 父母可因應孩子的興趣和能力調節需要解釋的詞語的數量。

2. 分析詞語是孩子理解新詞的重要技巧，可以幫助閱讀和學習。

延伸活動：P3 上酒樓去

活動範疇： ☑語言　☑執行功能

目的： 加強孩子計劃的能力，讓孩子為事件作出準備。

所需物資： 幾個不同款色、功能和大小的袋子（如：旅行袋、白色背心膠袋、背包和環保袋）、數件用品（如：紙巾、水樽、玩具車、漿糊筆、筷子、萬字夾等）

步驟：

1. 父母跟孩子說：「如果今天你要跟爺爺到酒樓飲茶，你會帶什麼呢？」

2. 孩子在限時5分鐘內，把需要的物件整齊地放到合適的袋子裏。

3. 孩子清楚地解釋收拾有關物件的原因。

4. 父母就孩子使用的袋子和收拾的物件給予回饋，鼓勵和讚賞孩子的努力。

書　　名：奇異的種子
出 版 社：新雅文化
作　　者：嚴吳嬋霞
適讀年齡：4歲或以上

✔ 圖書簡介：

這家人經常大聲說話和吵鬧。有一天，一位老太婆給他們送來一顆奇異的種子，並告訴他們到了種子開花的那天，他們一家將得到了一份世界上最珍貴的禮物！在等候種子開花的期間，他們一家人需要說友善和愛的說話。結果，種子開花時，他們發現最珍貴的禮物就是一家人學到相親相愛，互相欣賞。

✔ 內容導讀：

1. 父母讀出書名並請孩子細心觀察封面，然後問：「你猜這本書是關於什麼？」

2. 父母與孩子逐頁閱讀書中的內容，以生動的語調和表情動作等演繹故事情節。

3. 父母可以請孩子留意人物的表情，猜想人物的感受。

✔ 備注：

父母可以指出人物的表情，讓孩子多加留意，學習辨識故事中人物的感受。辨別其他人的感受對孩子學習與人相處非常重要，是心智解讀中一個重要能力。

延伸活動：Q1 讚美瓶

活動範疇：☑語言　　☑社交　　☑藝術及創作

目的：學習以説話讚賞別人，欣賞身邊的事物，及在玻璃上作畫。

所需物資：瓶子、小紙條、筆、箱頭筆或畫玻璃的顏料

步驟：

1. 父母與孩子準備一個瓶子，並告訴孩子這是一個「讚賞瓶」。孩子自由設計瓶子。

2. 父母每天與孩子討論身邊有誰值得欣賞，然後把欣賞的説話寫在紙條上，在放在瓶子裏。

3. 父母引導孩子以不同的説話表達讚賞，如：「我欣賞你很勤力」或「我覺得你懂得幫助人」等。

4. 一個月後，父母與孩子打開瓶子，再倒出小紙條，看看身邊的好人好事。

小貼士：

父母可以鼓勵孩子拿出紙條，親自作出感謝或讚賞。

延伸活動：Q2 種子畫

活動範疇：☑認知　　☑小肌肉　　☑藝術及創作

目的：

1. 認識不同植物的種子。

2. 運用食指和拇指撿起豆子進行黏貼。

3. 以種子創作圖畫。

所需物資：不同的種子、白膠漿或雙面膠紙、畫筆、畫紙

步驟：

1. 父母介紹「種子畫」，告訴孩子可以用種子製作圖畫。

2. 孩子與父母討論製作的主題，如小熊、森林、交通工具等。

3. 孩子與父母搜集種子，如不同的豆類或水果的果核。

4. 父母與孩子把種子貼在畫紙上，完成作品。

5. 按需要以畫筆在畫紙上畫出細節。

小貼士：

孩子的小肌肉發展與專注力各有不同，如孩子未能以種子砌出整幅圖畫，父母可與孩子以畫筆畫出作品的大部分內容，再以種子砌出畫作中的一部分。

延伸活動：Q3 運送種子

活動範疇：☑語言　　☑執行功能　　☑專注力

目的：

1. 提升聆聽指示的能力。

2. 學習計劃自己的工作，以達到目的。

3. 專注地完成任務，不受干擾。

所需物資：4個不同款式的勺子、4款豆子、4隻小碟子、6個不同
的紙杯（在紙杯上分別寫上1至6）、計時器

步驟：

1. 父母把勺子、豆子和紙杯隨意分散放在家中四周。

2. 父母按孩子的理解力說出指示，如：「擺3粒紅豆和4粒綠豆在6號
杯」，並開始計時。

3. 孩子需要決定用哪個勺子拿取豆子比較適合，是否需要用碟子協
助，也需要計劃省時的路線，藉此加強執行功能。

4. 如欲增加活動的難度，父母可同時在家中播放影片，嘗試分散孩
子的注意力。孩子需持續地專注以完成活動。

R　書　　名：想買快樂的阿德
　　出 版 社：新雅文化
　　作　　者：簡尼沙里斯
　　適讀年齡：4歲或以上

✔ **圖書簡介：**

阿德一直渴望能找到快樂。於是他不惜逐一買下其他動物玩得很開心的玩具，但是他仍然是不快樂。之後，阿德在和朋友相處的過程中，他發現快樂是跟朋友在一起，不是金錢可以買來的。

✔ **內容導讀：**

1. 父母問問孩子：「你最快樂是做什麼？」以帶出書中的主題。

2. 父母與孩子逐頁閱讀書中的內容，請孩子留意人物的表情，猜想人物的感受。

3. 如遇到一些新詞，父母也可多加解釋。

4. 父母可與孩子討論有關金錢和快樂的話題，如「如果你有錢，你想買什麼？」、「你知道我們怎樣才可以得到金錢？」

延伸活動：R1 快樂問卷

活動範疇：☑語言　　☑社交　　☑心智解讀　　☑執行功能

目的：

1. 學習訪問技巧，運用「請問……」作出提問並細心聆聽對方的答案。

2. 理解每個人都有不同的想法。

3. 記錄、整理資料並作簡單匯報。

所需物資：數張白紙、筆

步驟：

1. 孩子準備數張白紙，以記錄受訪者的答案。

2. 孩子最少訪問5-6個人，問別人兩個問題：「有什麼令你最開心？」、「如果你有錢，你會怎樣使用？」

3. 父母可以在孩子訪問別人前，先與孩子作模擬練習。

4. 孩子記錄答案（寫字和畫畫都可以），然後作口頭匯報。

5. 父母跟孩子看看每個人的答案是否一樣，以帶出每人都有不同的想法。

小貼士：

1. 孩子在成長中，慢慢累積了生活經驗，知道每個人的想法都可以不同時，就能懂得易地而處，學會了和而不同，尊重和接納與自己不同的人。父母平日可多灌輸每個人想法都不一樣的概念，例如在外出用膳時，當每個人點的餐都不同時，父母可以教導孩子因為每個人都是不一樣，自然會喜歡不同的東西。

2 孩子在小時候懂得「賺錢是不容易」和「金錢買不到快樂」的概念，就會明白父母的辛勞和儲蓄的重要性，也不容易崇尚物質。

延伸活動：R2 硬幣拓印

活動範疇：☑認知 ☑小肌肉 ☑藝術及創作

目的：

1. 認識硬幣。

2. 學習執筆進行拓印。

所需物資：不同的硬幣（可以選用香港的硬幣或其他國家的硬幣）、顏色筆、畫紙

步驟：

1. 父母與孩子構思畫作的主題，如「馬路上」、「公園裏」等。

2. 孩子以筆繪畫圖畫，再在合適的地方進行拓印。例如孩子以筆畫出「巴士」，然後用一元的硬幣拓印出車輪。

小貼士：

如孩子對硬幣有初步的認識，父母可與孩子玩簡單的買賣遊戲，學習找續概念。

延伸活動：R3 從小孔中看看

活動範疇：☑語言　　☑心智解讀

目的：

1. 明白每個人看事件的角度都可能不一樣。

2. 運用描述想法的語句，如「我覺得……」、「我估計……」、「我認為……」。

所需物資：數張A4卡紙、數張A4白紙、界刀、打印機

步驟：

1. 父母在A4卡紙上挖出一個長方形的鏤空位置。

2. 父母在每一張A4白紙上列印出一種食物。

3. 父母把鏤空的A4卡紙覆蓋在食物的圖畫上。

4. 父母與孩子輪流估計圖片上是哪一種食物，並使用「我覺得 / 我估計 / 我認為……」等語句作表達。

5. 如果父母與孩子的答案不一樣，父母可帶出「每個人的觀點都不一樣」的概念。

小貼士：

在鏤空每一張A4卡紙時，父母可選取不同的位置，增加遊戲的趣味。

第5章

閱讀旅程下一站……

——孩子年齡漸長，
閱讀之路如何走

　　到了小學階段，孩子能閱讀包含熟悉詞彙的圖書，然後開始掌握獨立閱讀的技巧，閱讀廣泛題材的圖書，至利用書本學習新知識，學會多角度思考的方法。在這階段，親子閱讀之路並非就此結束，反而更具挑戰！父母除了要因應孩子的成長、口味和學習需要來選書，還得適當地分配孩子自行閱讀與伴讀的時間，一步一步培養孩子獨立閱讀的技巧，讓閱讀成為孩子終生的習慣。

1 小學生的閱讀發展

我在第3章「1 閱讀能力的發展」中提到，孩子到了小學階段，閱讀能力會發展到「解碼期」、「流暢期」及「閱讀新知期」。孩子能閱讀包含熟悉詞彙的圖書，然後開始掌握獨立閱讀的技巧，閱讀廣泛題材的圖書，至利用書本學習新知識，學會多角度思考的方法。在這階段，孩子需要涉獵不同題材，培養獨立閱讀能力，以及利用書本輔助學習和作多角度思考。孩子之間的閱讀能力的差異可以很大，部分在幼兒階段已萌發閱讀習慣和興趣的孩子，很快便能獨立閱讀、選擇自己喜歡的圖書，在書本中追尋興趣和知識了；相反，部分孩子仍未有閱讀的興趣，閱讀文字的能力弱，只可能在某些特定的要求下才會閱讀。孩子的口語能力逐漸發展成熟。7歲以後，孩子的詞彙已大多是從閱讀中學到，已不是從日常生活中認識到。孩子的語言能力與閱讀有密切的關係。

1.1 小一、小二學生的閱讀需要

　　小一、小二學生的年紀還小，他們剛升讀小學，仍在適應校園的生活，結交新的朋友。他們的口語發展能力已初步成熟，可以敘述簡單的事件。他們能與人互動交談，分享在校園的生活點滴。以下是他們的閱讀需要：

★　閱讀情節溫馨感人的故事

★　仍然喜歡動物故事或卡通人物的故事

★　閱讀較多描述人物心理動態的圖書

★　提及交友、校園常規和校園生活的圖書，讓他們適應小學生活

★　閱讀寓言故事、風俗故事或神話故事

★　有關香港歷史和文化風俗的圖書

★　大量閱讀字詞較淺易的圖書

★　由父母陪伴閱讀橋樑書或內容較深的圖書

★　從書中累積更多的詞彙和語句

★　嘗試閱讀不同種類的圖書，了解自己的興趣

★　閱讀一些附帶遊戲或活動的圖書

1.2 小三、小四學生的閱讀需要

　　小三、小四學生已入讀小學一段時間，他們的語文能力已逐步發展，識字量大增，且已開始習慣閱讀文字。三年級起，孩子已能開始懂得照顧自己，在生活上解決問題。他們會學習寫作文章。他們對文字

開始有鑑賞的能力，會評價書本的內容。父母可留意他們的閱讀需要如下：

★ 情節和角色比較複雜的故事

★ 成語故事

★ 以歷史和文化為背景的故事

★ 大量閱讀主題廣泛的圖書，了解自己的興趣和所長

★ 在日常生活中摘錄優美的文章和佳句，讓孩子好好記住，加以品嘗

1.3 小五、小六學生的閱讀需要

小五、小六學生的語言能力已發展成熟，且已具備一定的閱讀和寫作經驗，他們開始能我手寫我心。他們正值開始思考生命，追尋自我的階段。他們需要閱讀：

★ 情節和角色複雜的圖書

★ 具刺激感的圖書

★ 有較多隱含內容的圖書，需要推理和判斷的圖書

★ 有關處理紛爭和意見不同的圖書，學習應對在青春期間與別人不同的情況

★ 名人傳記，讓他們有模仿的對象和學習的目標

★ 古今中外的名著

★ 有關不同職業的圖書，初步了解自己的發展取向

★ 有關理財的圖書

★ 有關青少年心理和以青春期成長為背景的圖書
★ 小說

2 時間的挑戰

　　孩子升讀小學後，功課比以前多，學習的領域比以往廣。每天扣除做功課和吃飯的時間後，所餘下的時間已是捉襟見肘。這時，父母最容易萌生放棄與孩子閱讀的念頭。我和先生也經歷過這樣的困境。可是，我們不能放棄閱讀的習慣，因為這是我們一家一直堅持的，還有我們很明白閱讀對孩子學習和全人發展的重要性。於是，我們嘗試調整了時間表，在星期六和星期日時安排較多閱讀的時間，但在星期一至五的時間表中，我們會盡量抽出最少15分鐘與孩子看書。因此，當有父母説：「我真的沒有時間跟孩子看書。」我會鼓勵父母們彈性地因應自己和孩子的情況，從最有把握達到的目標開始，例如一星期閱讀一次，每次15分鐘，讓自己有成功感，再按能力增加閱讀的次數。可是，無論如何，也要讓孩子能開始和持續閱讀的習慣。漸漸地，閱讀不再是一個責任和目標，而是生活和興趣。

3 閱讀的目的

　　孩子到了小學階段，慢慢由學習閱讀過渡至從閱讀中學習。雖然孩子的閱讀能力會不斷提升，但是閱讀仍舊有一個重要目的，就是為孩

子提供消閒娛樂。隨着孩子一步一步地獨立，他們需要透過閱讀擴闊生活經驗，增加自己對世界的認識，如：瀏覽互聯網找尋資料、閱讀地圖和傳單等解決日常生活的問題。此外，閱讀可以陶冶性情，學習人生智慧，還可以增加交談的話題。

除了以上生活上的目的外，閱讀圖書還可以在小學階段補足孩子在語文課程學習的不足。因為部分教科書所編選的文章，常以方便閱讀和施教為大前提，因此會把內容淺化、簡化和公式化。如資深語文教育專家張永德博士所言，兒童圖書則是真正的文學作品，是「真實的讀物」，不是為了教學而創作，不受課堂規範所限，沒有固定的公式，具想像的空間，能反映真實的生活面貌，讓孩子的語文得到更廣更遠的發展。

4 培養獨立閱讀能力

4.1 以橋樑書為孩子築起通往閱讀文字書之路

孩子入讀小學以後，識字量急速增加，語文知識也比之前豐富，他們可能渴望閱讀內容更豐富，文字更多的圖書。在這階段，橋樑書可以協助孩子由閱讀圖畫書，過渡至閱讀文字書。

橋樑書的概念源自西方國家。西方國家在兒童閱讀的規劃非常仔細，兒童圖書可以向下延伸去幼兒階段的厚紙板書，而向上延伸則是橋樑書。橋樑書可以是文圖均量，或是以文字為主，圖畫為輔的圖書。在

繪本中，圖畫佔全本書的四分三至三分二，而圖畫佔橋樑書的二分一至三分一。此外，繪本中的圖畫多是色彩豐富，能吸引孩子的興趣和注意力；相反，在橋樑書中，圖畫的角色漸漸淡出，尺寸會比較小，有時也刻意使用黑白圖，讓孩子把注意力集中在文字上。

文圖均量的橋樑書，適合小一至小四學生。至於文字為主，圖畫為輔的圖書，則適合小五至小六學生。這些圖書取材自日常生活、大自然或孩子的想像世界，以孩子常用的2,000個單詞為基礎。孩子閱讀橋樑書，既可加強語文能力，也可以像在圖畫書中一樣培養讀圖的能力，可說是同時鍛煉左腦和右腦。

橋樑書可以有小說的雛型，通常包括角色、情節、衝突、轉折和結局。它可以是一個長篇故事、一個畫分成小章節的長篇故事、幾個獨立的短篇故事，相同的人物貫穿幾個故事或是一個長篇故事。

我建議父母在選擇橋樑書時，依據以下的準則：

★ 字數適中

★ 用詞簡明

★ 概念清晰

★ 貼近生活經驗

★ 題材活潑有趣

★ 圖畫生動吸引

有時，即使橋樑書給了孩子一個階梯，讓孩子慢慢步進一個要求更多的閱讀世界，可是有部分孩子仍未有信心自行閱讀，他們需要父母陪伴閱讀。孩子即使有信心和能力自己閱讀，他們仍渴望父母與他們閱

讀。在孩子小一至小四階段，父母其實仍可與孩子伴讀，在孩子不明白時嘗試從旁協助。又或者，部分孩子仍未有信心讀完整本書，父母也可以與孩子在閱讀橋樑書時一人一句、一人一段、一人一節或一人一章，然後才放手讓孩子自己閱讀橋樑書，讓孩子有信心地閱讀。

4.2 繪本的角色

父母是否認為，當孩子的識字量增加了，並已能閱讀橋樑書時，繪本就退出了親子閱讀的舞台呢？日本繪本之父松居直曾說：「繪本是給0-100歲的人看的。」其實，在小學階段，繪本也有重要的角色。甚至是，繪本在人生任何階段看，都能溫暖人心，令人有不同的體會。就像是風行了世界超過五十年，由謝爾・希爾弗斯坦（Shel Silverstein）創作的繪本《愛心樹》（*The Giving Tree*），描寫大樹對男孩子無條件的愛。在孩子和少年時期閱讀，你會被大樹的愛感動。然而，當為人父母後，你會明白為何大樹願意對孩子無條件的付出。

我認為文字書和繪本之間並沒有衝突和取捨。然而，由於繪本的圖畫能協助孩子的理解，在與小學階段的孩子閱讀時，我會選擇有關歷史文化、戰爭、世界各地風土人情、名人故事、理財、詩詞、正向心理或是有關科學和數學知識等主題的繪本，與孩子一起閱讀。因為這些主題內容，有時用詞或者所包含的概念的程度較深，孩子需要父母的解說，圖片的協助也可以增加孩子對主題的興趣和理解。至於一些主題較生活化的，我會傾向讓孩子閱讀橋樑書或文字書。可是，如果孩子對一些生活故事繪本也感興趣，我也會鼓勵他們閱讀。

有些父母會問，我的孩子已是小一至小四階段，但他只愛閱讀繪本，就是不喜歡文字較多的圖書，那我們仍然讓他看繪本嗎？我需要強迫他看橋樑書嗎？我很想告訴父母，閱讀是不能強迫的，只能嘗試、鼓勵和培養。因此，我肯定的告訴父母，可以繼續讓孩子看繪本。只要是看題材健康的圖書，那一定是一件好事，那總比不看書好。而且，每個孩子成長的步伐都不同，所以從繪本過渡至文字書的時間都不同。或者，有時孩子享受看繪本是因為繪本豐富的主題和吸引的圖畫，可以讓他們輕鬆明白書中的意思。父母可以放心，即使孩子喜歡看繪本，總有一天，他們會看文字書的，並不會一輩子只看繪本。當孩子有信心的時候，他們會放手勇往直前的。相反，我們在這階段就不讓孩子看繪本，太心急推動孩子向前行的話，反而會影響他們對閱讀的興趣，那影響可是一生一世的呢！

4.3 適當分配自行閱讀與伴讀的時間

當孩子漸能自己閱讀時，父母可以與孩子靈活地分配自行閱讀與父母陪伴閱讀的時間。例如：平日晚上是孩子自行閱讀的時間，星期六和日則是父母與孩子閱讀的時間，那孩子就可以習慣自行閱讀和享受與父母閱讀的樂趣。父母最好與孩子製定一個閱讀時間表，那麼即使孩子能自行閱讀，如果孩子很想要父母的陪伴或者跟父母一起看書，父母仍會樂意奉陪。孩子讓父母陪伴的日子其實不多，為人父母要好好珍惜。

4.4 一步一步建立自信

除了運用橋樑書讓孩子一步一步從與父母閱讀過渡至獨立閱讀，並

由看圖畫至文字閱讀外，父母還可以從調整朗讀的數量着手。在第3章的「2.3 適合具相當閱讀經驗的孩子：傳統朗讀圖書方式」提過，父母可與孩子朗讀圖書。在朗讀時，父母起初可先讀給孩子聽，然後孩子學習與父母一人一頁或一人一句閱讀，最後是自己把圖書朗讀出來。孩子習慣了自己朗讀圖書後，對自行閱讀也會比較適應。

5 適合小學生的書籍

5.1 溫馨感人的故事仍然重要

即使孩子開始長大，孩子仍需要溫馨感人的故事，讓他們感受愛和溫暖。故事中優美動人的文字能培養孩子的文學素養。我推介父母與孩子選擇情節比較複雜，或者以歷史和世界風俗習慣為背景的圖書，可以是繪本、橋樑書或者是短篇的章節小説，讓孩子欣賞故事情節之餘，也豐富對世界的認識。

5.2 閱讀無字繪本

有些父母會問：「孩子都已經會讀字，為何反其道而行，讀無字繪本呢？」其實，無字繪本不一定比有字繪本易讀，只是它沒有字要讀而已。孩子看無字繪本，可以培養細心觀察的能力。孩子需要留意圖畫的細節、環境線索和人物的表情去理解圖畫的意思，還需要用日常生活經驗把圖畫的意思串連成故事。孩子需要有豐富的想像力，還有對世界真

切細緻的理解。細心的孩子往往能在無字書中發掘出很多故事的支線和驚喜。此外，讓孩子與第三者分享無字繪本的內容時，可以培養他們的用詞和表達能力，他們需要以現有的詞彙去演繹書本的內容。無字繪本培養孩子的觀察力、感受力、想像力和用詞能力，是讓他們學習和成長的重要養分。

5.3 選擇工具書和知識類讀物

父母可以鼓勵孩子廣泛閱讀，不需擔心題材是否太淺易或複雜。任何類別的圖書，不管是歷史、文化、科學、數學、心理、理財、職業、藝術、生活百科等，只要是孩子有興趣、內容健康，我都鼓勵父母讓孩子閱讀。對於孩子不感興趣的主題，我會試試多鼓勵，或者與他一起看，看看他能否發掘閱讀的樂趣。孩子要多看不同的圖書，才能培養出自己的閱讀品味和興趣，也能慢慢地播下認識自己的種子。就像我從小學開始，最喜歡看有關整理和收納的圖書，也慢慢地發掘到這個興趣，建立了這個才能。我兒子最喜歡閱讀溫馨的故事，特別是以小熊為主角的圖書，我會讓他自己閱讀任何有關小熊的圖書或是以小熊為主角的圖書。這些有小熊的圖書，除了故事外，也不乏其他主題的。在其他時間，我就會與他看　些有關理財知識的圖書，所以他知道錢從何來，也理解到「量入為出」、「需要和想要」的概念。

5.4 閱讀成語故事

成語學習是小學課程中重要的一環，也能在寫作時增加文章的趣味

性。我們要讓孩子明白成語的真正意思，需要多閱讀成語故事並在日常生活中多累積成語。

5.5 能延伸學校課程和生活經驗的圖書

我也建議大家選擇與學校課程有關的圖書，目的不是要催谷孩子的成績，而是讓他們知道課外書也可以連繫學習，讓孩子的知識更深和更廣。此外，與生活有關的圖書可以讓孩子透過閱讀豐富生活，解決生活的問題。例如：在乘坐飛機往外地旅行前，我會與孩子閱讀有關飛機運作和空中服務員的圖書，一方面豐富他們的生活知識，另一方面也增加他們對旅程的期待，因為他們可以在生活中看到圖書所説的內容，令閱讀經驗更立體。

6 以書本作討論

如果孩子喜歡閱讀，平時也有與父母分享的習慣，以書本作討論是一個很自然的過程。我很少與孩子設定以書本作討論的主題，也不會提問以考核孩子的記憶力和量化孩子學到的知識。通常，我會問孩子：「你喜歡這本書嗎？為什麼？」，與孩子討論分享。或者，我會問孩子：「如果你是書中的主角，你會跟他一樣嗎？」有時，孩子很喜歡一本書，反而會主動告訴我很多關於對書本的感受和意見，我會耐心聆聽，並就他的分享再提問。

第6章

閱讀藏寶圖

——推薦書單

在本章中，我從言語治療師的角度與媽媽的經驗，整合了 11 個類別共 93 套圖書的推薦。書單中除了有基本的圖書資料外，我還列出了圖書特色和閱讀心得。日本繪本之父松居直說：「繪本是幸福的種子。」所以，書單中包含了我和我兩個孩子最愛的圖書，我們曾經看過的好書，以及最新出版的圖書。這些圖書，不但孩子會喜歡，父母也會沉醉其中呢！

　　在我構思這章的推薦書單時，可真是經過一番的思量和功夫。因為，在這9年與孩子閱讀的歲月中，我真的遇見很多好書，那麼我應該推介哪些圖書呢？日本繪本之父松居直說：「繪本是幸福的種子。」所以，孩子要讀一些優秀的繪本。於是，我先記下自己最愛的圖書書名，接着問兩個孩子最愛哪些圖書，然後到兒童圖書館找出曾看過的好書，之後又看看最新出版的圖書，最後就整合了這章的推薦書單。這些圖書，不但孩子會喜歡，父母也會沉醉其中呢！

　　推薦書單中的各冊圖書特色和閱讀心得，是我從言語治療師的角度與媽媽的經驗整合的。此外，書中的適讀年齡，其實只是一個參考，父母不需要被它限制了閱讀的選擇。就好像是我9歲的兒子，有時仍會閱讀一些以3-6歲孩子為對象的圖書，因為書中的圖畫吸引，情節溫馨感人；相反，他有時又會閱讀以9歲以上孩子為對象的有關戰爭、歷史和理財的圖書，因為他很想了解這些範疇的知識。我6歲的女兒也是如此。所以，父母可按着孩子的需要和興趣來選擇圖書，希望你們從今天起就出發踏上這愉快的親子閱讀旅程。

　　我把推薦書單分為11個類別，共介紹93套圖書，希望家長和孩子都會在當中找到你們喜歡的圖書。

1. 動物和溫情故事：孩子天生就是感情豐富，這類別的圖書適合父母與孩子傳遞愛與溫情。

2. 互動操作類圖書：孩子在幼兒階段需要透過操作物件學習，互動操作類圖書最能滿足他們的好奇心和成長需要。

3. 經典及文學作品：這類圖書讓孩子認識人生道理和道德價值觀，也讓他們學習中華文化，認識文字的美感。

4. 心智解讀類圖書：心智解讀能力對孩子閱讀文章及學習與人相處非常重要。

5. 生活自理類圖書：透過故事，讓孩子從小建議良好的習慣和自理能力，以及成就感和正面的個人形象。

6. 執行功能和專注力類圖書：這類圖書讓孩子學習做事專心、抑制衝動、好好計劃自己的工作和管理自己情緒等能力。

7. 社交相處和行為類圖書：在0-6歲，孩子會由自我的階段，開始發展出思考別人的想法和感受的能力，這類圖書能幫助他們理解正確的待人處事之道。

8. 科學和數學知識類圖書：這類圖書特別適合喜歡邏輯思考多於欣賞故事的孩子，讓他同時學習知識和閱讀技巧。

9. 歷史和文化類圖書：這類圖書幫助孩子擴闊與人的話題，對他們的課堂學習也有幫助。

10. 生活知識和技能類圖書：這類圖書可以豐富孩子對世界的認識，學習不同的技巧。

11. 生命教育類圖書：這類圖書讓孩子認識生命，了解生命中總有不盡人意的地方，也學習珍惜生命，欣賞生命。

動物和溫情故事

孩子天生就是感情豐富，喜歡閱讀能感動人心的故事。我自己最喜歡溫馨和富幽默感的故事，這些雋永的故事，即使隔了一段時間再看，那感動是依然不變的。這類別的圖書適合父母與孩子傳遞愛與溫情。

好書	書名	圖書資料	圖書特色和閱讀心得
1	幫幫忙，小企鵝找爸媽	讀年齡：0-3歲 作者：蘇菲·修恩瓦特 出版社：新雅文化	這本圖書設計了很多的互動內容和問題，父母只要跟着書本的指示，便可以跟孩子互動，非常適合初嘗親子閱讀的父母與孩子。
2	媽媽，有你真好！	適讀年齡：0-3歲 作者：何巧嬋 出版社：新雅文化	每種動物，都有自己的媽媽，人類也一樣。孩子愛媽媽，媽媽也愛自己的媽媽。書中充滿感情，即使孩子年紀小，也容易在文字中明白媽媽的愛。

好書	書名	圖書資料	圖書特色和閱讀心得
3	爸爸，我是你的小寶貝！	適讀年齡：0-3歲 作者：何巧嬋 出版社：新雅文化	大多數的爸爸都不懂得跟孩子說「我愛你」，爸爸們可以與孩子閱讀這繪本，傳達對孩子的愛。
4	弟弟，我要送給你……	適讀年齡：0-3歲 作者：何巧嬋 出版社：新雅文化	弟弟妹妹出生時，父母都想讓哥哥姊姊作好心理準備。這本書可以讓哥哥姊姊理解家中將有新成員，接納弟妹的來臨，學習愛護弟妹。
5	爺爺總是不一樣！	適讀年齡：0-3歲 作者：何巧嬋 出版社：新雅文化	孩子能有長輩的愛和照顧是一種福氣。這繪本從孩子的角度出發，描寫了爺爺與孩子相處時的不同之處。孩子閱讀此書，自然容易有共鳴。
6	熊寶寶趣味階梯閱讀系列（三輯，共12冊）	適讀年齡：3-6歲 作者：譚麗霞 出版社：新雅文化	這套圖書用詞淺顯，句式重複，內容生活化，讀起來有親切感，讓孩子容易明白，適合孩子自行閱讀。我的孩子最喜歡小熊，所以跟你們推介這一套圖書。

好書	書名	圖書資料	圖書特色和閱讀心得
7	小雪兔的聖誕禮物	適讀年齡：3-6歲 作者：Nosy Crow 出版社：新雅文化	故事內容溫馨，繪本畫風細膩，讓孩子學習分享。故事的主角均是孩子喜愛和熟悉的小動物。我的兩個孩子會叫我把故事多讀幾次呢！
8	奶奶	適讀年齡：0-3歲 作者：宮西達也 出版社：小魯文化	身為母乳媽媽的我為大家推介這繪本，讓寶寶明白吃媽媽的奶是幸福和自然的事。繪本的文字簡單，孩子很容易就可以自己閱讀。即使是我兒子已離乳長大了，也喜歡讀這繪本，談及他小時候吃奶的趣事。
9	枴杖狗	適讀年齡：3-6歲 作者：李如青 出版社：聯經出版公司	這是一本無字書，可以讓孩子學習觀察圖片的細節，特別是觀察人物的表情和情境，學習創作故事。即使是成人如我，也被書中主角對主人的忠心深深地感動。
10	猜猜我在比什麼？	適讀年齡：3-6歲 作者：吉竹伸介 出版社：三采	這本書圍繞着親子間常做的猜動作遊戲。書中生動可愛的插畫，讓讀者也會投入其中，不住地在猜動作。父母與孩子閱讀起來，也容易引起親子間的對話。
11	海山線電車套書（4冊）	適讀年齡：3-6歲 作者：間瀨直方 出版社：台灣東方	書中記述海山線列車上發生的不可思議的事，內容滲透着溫情，主角也大多不是人類，能引起孩子的幻想，有點像兒童版的《聊齋》。此外，本系列以火車為故事元素，能引起火車迷的閱讀興趣。

好書	書名	圖書資料	圖書特色和閱讀心得
12	霸王龍繪本集： 教孩子認識愛（3冊） • 最愛的，是我 • 我是霸王龍 • 你永遠是我的寶貝	適讀年齡：3-6歲 作者：宮西達也 出版社：小魯文化	這套繪本細緻地刻劃了人與人之間的感情，給人帶來正能量。書中教我們善待別人，友善對待敵人，也傳遞出父母對孩子的愛是一視同仁的。繪本內容有很多討論空間，書中的插畫色彩對比鮮明，線條運用豐富，表情生動。
13	超神奇用品系列（3冊） • 超神奇洗髮精 • 超神奇牙膏 • 超神奇蠟筆	適讀年齡：4歲或 以上 作者：宮西達也 出版社：小魯文化	這套繪本幽默富想像力，引起孩子無限的聯想，也帶出現實世界的事物雖不盡完美，但也許是最實際的，讓大家學會珍惜當下。我的兩個孩子也會跟我討論如果有超神奇用品，他們會有什麼願望呢！
14	團圓	適讀年齡：3-6歲 作者：余麗瓊 繪者：朱成梁 出版社：信誼	本書表達了相聚和離別的感受。本書讓孩子認識到，聚散是平常，幸福就是可以和家人相聚，即使生活平凡，也是最快樂的。故事讓孩子明白幸福不是必然，需要惜福的道理。

好書	書名	圖書資料	圖書特色和閱讀心得
15	野貓軍團系列（7冊）	適讀年齡：3-6歲 作者：工藤紀子 出版社：台灣東方	書中角色的表情可愛，內容幽默誇張，輕易就吸引了孩子。雖然故事中的野貓軍團常常搗蛋，但最後也願意承擔後果，帶出了做事要顧及後果和承擔責任的道理。故事發生地點多圍繞孩子日常會到的地方，如麵包店和飛機場。這不但讓孩子感到親切，也在閱讀的過程中進一步認識這些食物的製作過程或這些活動的進行步驟。我的兩個孩子最喜歡書中的擬聲詞和爆炸場面，常常看到捧腹大笑呢！
16	Guess How Much I Love You	適讀年齡：0-3歲 作者：Sam Mcbratney 出版社：Walker Books Limited	故事圍繞栗色小兔問粟色大兔的問題。栗色大兔的答案表達了父母對孩子的愛。我的孩子最喜歡我一邊讀繪本，一邊做動作，也常在閱讀後贈我深情一吻。
17	Julia Donaldson Story Collection（4冊）	適讀年齡：3-6歲 作者：Julia Donaldson 出版社：Macmillan UK	這套是家喻戶曉的英文繪本，也有翻譯成中文的版本。書中最特別的是，它的文字簡潔有吸引力，讀起來押韻悅耳，吸引人一直想聽下去。還有，故事內容有趣曲折，容易引發想像力。我的兩個孩子最少把這套繪本讀了十幾次。
18	Supertato Series	適讀年齡：3-6歲 作者：Sue Hendra, Paul Linnet 出版社：Simon and Schuster	這系列以馬鈴薯為英雄人物及主角，描述馬鈴薯與青豆的大混戰，內容有趣誇張。書中的角色包括了孩子日常吃到的蔬菜，讓孩子學到有關蔬菜的名稱。書中角色豐富生動的表情，讓孩子容易理解人物的感受。書中的句式簡潔，易於閱讀，是啟導孩子自行閱讀的優秀圖書。我的兩個孩子每次吃馬鈴薯和青豆時，也會提起這個系列。

互動操作類圖書

父母讓孩子愛上閱讀，其中一個重要的方法，是讓孩子感到書本是很好玩和有趣的。孩子在幼兒階段需要透過操作物件學習，能讓孩子操作和玩樂的圖書，最能滿足他們的好奇心和成長需要，是孩子初嘗閱讀趣味的好伙伴。

好書	書名	圖書資料	圖書特色和閱讀心得
19	• 熊爸爸來抱抱我！ • 兔媽媽來抱抱我！	適讀年齡：0-3歲 出版社：新雅文化	父母和孩子可以把手指伸進玩偶內，隨着書本的內容一起互動。孩子都喜歡熊爸爸和兔媽媽溫暖柔軟的質感。我的女兒也特別喜歡把手指放入布偶玩具中，一起演繹書中的情節。
20	• 小寶寶，看一看： 海洋動物 • 小寶寶，翻一翻： 長頸鹿和朋友們	適讀年齡：0-3歲 出版社：新雅文化	布書可以讓孩子安全地探索。父母可以安心把布書放在嬰兒牀或嬰兒車內，隨時與孩子閱讀。書中翻頁時能帶來不同的感官刺激，有不同的聲音，可以吸引孩子的興趣。

好書	書名	圖書資料	圖書特色和閱讀心得
21	我愛我的家人——相簿故事書	適讀年齡：0-3歲 作者：Celine Claire 出版社：新雅文化	自製圖書可以加強孩子對事物的認知，也讓孩子感到親切。寶寶可放入5張相片，與父母自製專屬的布書。我的孩子也喜歡看以自己為主角的圖書。
22	比比熊系列： • 超級賽車手 • 農場小幫手 • 結伴遊公園 • 深海探險 • 恐龍探秘 • 太空漫遊	適讀年齡：0-3歲 作者：Benji Davies 出版社：新雅文化	以可愛的小熊為主角，加上孩子熟悉的場景和可以操作的小揭頁和小配件等，吸引孩子翻閱圖書和指出書中的事物。這套書以硬頁設計，容易清潔，適合嬰幼兒自由探索。

好書	書名	圖書資料	圖書特色和閱讀心得
23	按按有聲書： • 農場動物，你好啊！ • 交通工具開車啦！	適讀年齡：0-3歲 作者：Editions Auzou 出版社：新雅文化	這系列書中內容配合按鈕，讓孩子聆聽有關書本內容的聲音。孩子大多喜歡模仿特別的聲音，如動物叫聲或汽車的聲音。我常用這系列的兩本圖書教導未懂說話的孩子發聲。
24	新雅·寶寶探索館： • 層層揭：動物在哪裏？ • 層層揭：交通工具真好玩！	適讀年齡：0-3歲 作者：Editions Piccolia 出版社：新雅文化	透過孩子互動操作，認識不同動物的家或交通工具。交通工具和動物能引起部分孩子的親切感和閱讀興趣。我也會利用這類圖書培養孩子的專注力，讓他們學習從大量的物件中找出目標。
25	幼兒認知啟蒙互動遊戲書	適讀年齡：0-3歲 作者：Editions Piccolia 出版社：新雅文化	孩子透過操作書中的機關，認識不同的概念，也可以加強小肌肉運用能力。父母可以讓孩子把這本書在外出時隨身帶着，讓孩子可以隨時閱讀，找尋樂趣。

好書	書名	圖書資料	圖書特色和閱讀心得
26	新雅幼兒互動點讀圖典及拼字套裝	適讀年齡：2-8歲 作者：新雅編輯室 出版社：新雅文化	點讀筆可以因應孩子的興趣，即時給予孩子正確的語言示範。我會在忙碌又想孩子乖乖看書的時間，讓孩子利用點讀筆閱讀，避免了孩子接觸手機。
27	Where's Spot？	適讀年齡：0-3歲 作者：Eric Hill 出版社：Warne Frederick & Company	這本是經典圖書，就連我小時候也很喜歡。因為孩子喜歡找東西，這類圖書也特別容易引起孩子的興趣。這本書也可以讓孩子認識「物件恆存」的概念。
28	That's Not My ® _____ Series	適讀年齡：0-3歲 作者：Fiona Watt 出版社：Usborne Publishing Ltd.	這一系列的圖書語句重複，容易讓孩子學習說話，加上有不同的觸感，可以讓孩子自由探索，提高閱讀興趣。我兩個孩子也很喜歡這系列的圖書。

經典及文學作品

值得兒童涉獵的圖書，除了是有趣和充滿溫情的作品外，還有經典名著和中國傳統啟蒙讀物。這些圖書讓孩子認識人生道理和道德價值觀，也讓他們學習中華文化，認識文字的美感，是前人留給孩子的寶貴資產。此外，孩子閱讀兒童詩，可以加強想像力，認識文字的美感和運用精煉的語言。

好書	書名	圖書資料	圖書特色和閱讀心得
29	親親幼兒經典童話（修訂版）： • 狼來了 • 三隻小豬 • 小紅帽 • 醜小鴨 • 青蛙王子 • 龜兔賽跑 • 小蝌蚪找媽媽 • 國王的新衣	適讀年齡：3-6歲 作者：新雅編輯室 出版社：新雅文化	孩子閱讀經典的圖書，不但可以學習做人的道理，也可以成為與其他人的話題。這些圖書可以配合點讀筆使用，即使父母偶爾抽不到時間與孩子閱讀，也可以藉點讀筆培養孩子閱讀的興趣。
30	兒童經典啟蒙叢書： • 古詩一百首 • 增廣賢文 • 三字經 • 弟子規	適讀年齡：4歲或以上 作者：新雅編輯室 出版社：新雅文化	讓孩子認識經典名著，加強語文能力和文學根基，建構背景知識，促進孩子對中華文化的理解，學習做人的道理和道德規範。我也正與兒子和女兒看這些圖書，增加他們對中華文化的認識，理解前人的智慧。

好書	書名	圖書資料	圖書特色和閱讀心得
31	中國神話傳說	適讀年齡：4歲或以上 作者：魏亞西 出版社：新雅文化	中國神話傳說不但有趣，也可提升孩子對語文的認識，例如：孩子看過水神共工和火神祝融的故事，就明白報紙上寫「觸怒了祝融」，是發生火災的意思了。
32	繪本西遊記	適讀年齡：4歲或以上 作者：吳承恩 出版社：新雅文化	《西遊記》是中國四大名著之一，幾位主角的性格截然不同，故事情節有趣。我的兩個孩子雖然年齡不同，但也常常坐在一起聽我說《西遊記》的故事。
33	字詞樂園‧童詩篇（套裝）（5冊）	適讀年齡：4歲或以上 作者：林世仁、林煥彰、山鷹 出版社：商務印書館	書中集合了多位兒童文學家的作品，童詩的意境能培養兒童的想像力，讓孩子詠物以情，能加強孩子對事物的感受力，也加強對文字的運用和理解。我喜歡在孩子睡覺前跟孩子閱讀一篇童詩，就詩中的主題與孩子對話和想像。想像也是一個放鬆方法，讓孩子能安然入睡。

心智解讀類圖書

心智解讀能力對孩子閱讀文章及學習與人相處非常重要。我推介孩子閱讀以下的圖書，讓他們在有趣的方法下學習理解感受、想法、願望和信念。

好書	書名	圖書資料	圖書特色和閱讀心得
34	幼兒情緒翻翻書	適讀年齡：0-3歲 作者：嘉菲·哥頓 出版社：新雅文化	孩子需要先認識不同的情緒特徵和詞語，才能表達感受。年幼的孩子對書中的小揭頁，也會感到相當好奇。我的女兒特別喜歡記憶本書的內容，再回答最後一頁的問題。
35	我的感覺	適讀年齡：4歲或以上 作者：莉比·瓦爾登 出版社：新雅文化	孩子學會了感受詞，對寫作和閱讀發展非常重要。本書描述了不同的感覺，讓孩子知道與情緒相關的線索。
36	可以說晚安了嗎？	適讀年齡：3-6歲 作者：喬里·約翰 出版社：小天下	孩子從繪本中學會觀察人物的表情，理解人物的情緒，同時學習從對方的表情中識別對方情緒的程度。書中大熊和鴨子的表情真的很惹人發笑，我推介父母與孩子在睡覺前閱讀本書。
37	大餓狼和小豬村	適讀年齡：3-6歲 作者：宮西達也 出版社：維京	一般來說，通常是小豬害怕野狼，但因為聰明的小豬懂得製造假象，讓大野狼產生了錯誤的信念，竟然害怕起小豬來。本書也說明了原來一個人相信或以為的事情也可以是錯的道理。

好書	書名	圖書資料	圖書特色和閱讀心得
38	超神奇糖果鋪	適讀年齡：3-6歲 作者：宮西達也 出版社：小魯文化	故事帶出了留意對方的反應加上日常經驗猜想對方的動機的重要性，這樣，就可以讓被誤會成大野狼的小豬逃過一劫，也帶出了隨機應變的重要性。
39	不要命的死神2	適讀年齡：3-6歲 作者：宮西達也 出版社：三之三	小豬和小兔有了誤會，也因為死亡令大家無法冰釋前嫌，造成了很大的遺憾。繪本中悲傷的氛圍，讓孩子明白誤會可能會造成遺憾，而我們又可以如何避免遺憾。
40	如果你有一個想法？	適讀年齡：3-6歲 作者：科比·亞瑪達 出版社：三之三	本書讓我們明白每個人想法都不一樣，有些事情別人是不會明白，學會接納自己跟人不同的想法。
41	鯨魚！	適讀年齡：3-6歲 作者：五味太郎 出版社：三之三	小鳥在天上發現鯨魚，各人於是出發找尋鯨魚，但都遍尋不獲，認為自己被小鳥騙了，於是很生氣。小女孩讓小鳥把她帶到天上，發現原來鯨魚是一個形狀像鯨魚的湖。故事帶出從不同角度看事物，會有不同的觀點和感受。孩子正需要學習別人跟自己不一樣，不一定是錯的道理。故事的編排和結局讓人相當驚喜。

好書	書名	圖書資料	圖書特色和閱讀心得
42	豬先生和他的小小好朋友	適讀年齡：3-6歲 作者：艾力克斯‧拉提蒙 出版社：米奇巴克	這繪本讓孩子明白自己喜歡的東西，別人不一定喜歡。它教導孩子代入他人角度思考的重要性，否則，大家就不能做令對方快樂的決定。
43	這是蘋果嗎？也許是喔	適讀年齡：4歲或以上 作者：吉竹伸介 出版社：三采	書中插圖線條簡單，但卻給人無限的想像。我與兩個孩子閱讀時，會與孩子想像一下蘋果還可以是什麼，讓他們多發揮假想的能力，也讓孩子明白每個人的想法都可以不同。

生活自理類圖書

良好的習慣和自理能力是從小建立的，這不但影響孩子的成就感，也影響他們的個人形象。父母除了在日常生活中教導孩子自理外，也可透過繪本跟他們講道理或學習自理的方法。

好書	書名	圖書資料	圖書特色和閱讀心得
44	超人咚咚和超人噓噓	適讀年齡：0-3歲 作者：梅怡、梅莎 出版社：新雅文化	透過超人咚咚和超人噓噓的暗號，讓孩子明白如廁概念，特別適合正在戒掉尿布的孩子。圖畫充滿了趣味，讓孩子易於記起書中內容。我的孩子也會選這出本書要我一讀再讀呢！
45	兒童生活自理互動遊戲書（修訂版）	適讀年齡：0-3歲 作者：Daphne S.A. 出版社：新雅文化	書中透過9個日常生活的情境，如穿衣服、上幼兒園和收拾房間等，鼓勵孩子照顧好自己。此外，書中有不同的感官探索材料，加強探索和小肌肉能力。
46	我會穿衣服！兒童精細動作遊戲書	適讀年齡：3-6歲 出版社：新雅文化	書中附5組配件，讓孩子練習扣上鈕扣、拉鍊和繫鞋帶等，那就有信心照顧自己。

好書	書名	圖書資料	圖書特色和閱讀心得
47	我會！我會！成為家事好幫手	適讀年齡：3-6歲 作者：Auntie Van Van 出版社：新雅文化	這本書提升幼兒的生活能力，學習照顧自己和家人，做個有能力的孩子。
48	怎麼辦？我不敢上廁所	適讀年齡：4歲或以上 作者：太美羅 出版社：新雅文化	透過寶拉的故事，協助孩子適應在不同地方上廁所，突破心理關口。
49	文具大逃亡	適讀年齡：4歲或以上 作者：李經石 出版社：新雅文化	本書讓孩子學習做事有條理，收拾好物件的重要性。有時，我兒子不放好文具和上學的用品，我也會用這個故事的情節幽默地提醒他。
50	我有理由	適讀年齡：4歲或以上 作者：吉竹伸介 出版社：親子天下	本書幽默地讓孩子明白影響自我形象的行為，提示孩子多加留意。不論是什麼理由，也要注意自己的行為。不過，多想點具創意的「理由」，能讓頭腦更靈活，也讓親子關係更親密。

執行功能和專注力類圖書

做事專心、抑制衝動、好好計劃自己的工作和管理情緒等能力，不但是孩子需要學習的，大人也同樣需要。父母與孩子閱讀這些繪本，藉此從小培養這方面的能力，大家一起努力吧！

好書	書名	圖書資料	圖書特色和閱讀心得
51	寶寶跟我畫： • 動物住在哪兒？ • 汽車真有用！	適讀年齡：0-3歲 出版社：新雅文化	寶寶用手指畫線，可以訓練視覺追蹤和視覺專注力，對建立閱讀能力有幫助。
52	錯了？	適讀年齡：0-3歲 作者：楊思帆 出版社：新雅文化	孩子喜歡觀察事物，讓孩子找錯處可以加強孩子的觀察力，更能誘發孩子主動提問和交談。
53	這本書教你分左與右	適讀年齡：3-6歲 作者：舒爾薩‧特斯 出版社：新雅文化	孩子學習分辨左右，會更容易計劃自己的動作和行動，以及聆聽別人的指示。書中的內容具互動性，父母透過講解和一起做動作，孩子可輕鬆地分辨左右。

好書	書名	圖書資料	圖書特色和閱讀心得
54	小青蛙愛靜坐	適讀年齡：3-6歲 作者：嚴吳嬋霞 出版社：新雅文化	本書讓孩明白靜坐的好處。父母也可與孩子在平日時間劃出一個「靜坐時間」，好好感受自己，平靜自己的情緒。
55	鬧情緒，怎麼辦？ 兒童情緒管理小百科	適讀年齡：3-6歲 作者：埃利諾． 格林伍德 出版社：新雅文化	讓孩子明白情緒沒有好壞的分別，要學懂接受和調控自己的情緒。父母想孩子能調控情緒，需要教導有關情緒的知識，還要讓孩子多多練習。
56	情緒小管家 （兩輯，共8冊）	適讀年齡：3-6歲 作者：吉爾．赫遜 出版社：新雅文化	這是一套認識和調控情緒的百科全書，讓孩子可以靈活地按需要和場合選取合適的技巧。在教導有關情緒的主題時，我也會用這套書作為教材呢！

好書	書名	圖書資料	圖書特色和閱讀心得
57	深呼吸，靜下來：給孩子的正念練習	適讀年齡：3-6歲 作者：溫恩・金德 出版社：新雅文化	本書讓孩子學會正念方法，調節自己的情緒，欣賞自己的身體。平穩的情緒可以讓孩子好好生活和學習。
58	觀察力大挑戰： • 動物世界找找看 • 快樂校園找找看	適讀年齡：3-6歲 作者：Editions Auzou 出版社：新雅文化	這系列能加強孩子的觀察力以及專心地找出物件的能力。在父母忙於處理家務又想孩子靜靜地自己玩耍時，這套書是非常適合的。
59	怎麼辦？專心上課真困難	適讀年齡：4歲或以上 作者：太美羅 出版社：新雅文化	從故事中明白什麼是專心，學習專心的方法，也理解到有專注力困難孩子的心聲。

好書	書名	圖書資料	圖書特色和閱讀心得
60	Grace 說專心	適讀年齡：3-6歲 作者：Eric Liao 出版社：風車	這本書好像是一本專心的說明書，說明了專心的方法。當我教導孩子專心時，需要明確的步驟，這本書的語句正好適用。
61	生氣湯	適讀年齡：3-6歲 作者：貝西‧艾芙瑞 出版社：上誼文化	書中幽默地展示媽媽的行為，讓孩子理解生氣時的行為反應、學習以適合自己和合宜的方法抒發情緒。

社交相處和行為類圖書

在0-6歲，孩子會由自我中心的階段，開始發展出思考別人的想法和感受的能力。這類圖書豐富孩子對與人相處的理解。父母也可以在相關的情境下，以書中的內容和人物提示孩子應有的行為和態度，這樣，就可以避免直斥其非，讓孩子容易接受。年紀小的孩子適合看內容比較直接的繪本，年紀較大的孩子可以看以故事形式或比喻帶出的社交技巧。此外，這類圖書也是我工作上常使用的圖書，因為語言和社交是息息相關的，孩子有良好的溝通技巧，就能與人好好相處；孩子懂得與人相處，就自然學到溝通。

好書	書名	圖書資料	圖書特色和閱讀心得
62	幼兒社交翻翻書	適讀年齡：0-3歲 作者：曼蒂・阿徹 出版社：新雅文化	以操作書形式學習8個不同的社交技巧，讓孩子善待他人，建立孩子的同理心，善待長輩和學會分享等，適合喜歡以觸覺學習的孩子。
63	寶寶快樂成長系列： • 我愛交朋友 • 我不偏食 • 我愛收拾 • 我愛分享	適讀年齡：0-3歲 作者：佩尼・塔索尼 出版社：新雅文化	故事文字和內容直接，讓孩子容易理解什麼是好行為和背後的原因，適合語言能力仍在初發展的孩子。
64	什麼都說不的佩佩	適讀年齡：0-3歲 作者：莉比・哈桑、麗莎・哈桑賈曼 出版社：新雅文化	2-4歲的孩子開始有自己的主見，常常說「不」，佩佩的故事對他們來說是一個提醒，讓他們知道常說「不」的問題，以及該如何與人相處。
65	杜比學做大孩子	適讀年齡：3-6歲 作者：盧・皮考克 出版社：新雅文化	本書讓孩子學習獨立，讓孩子明白多獨立可以讓自己長大，也可以令父母更輕鬆。此書也適合將會做哥哥姊姊的孩子。我的孩子很喜歡小象杜比，因此平日在相關的情況下，我會用書中的角色去提醒他們。

好書	書名	圖書資料	圖書特色和閱讀心得
66	彬彬有禮的企鵝家族	適讀年齡：3-6歲 作者：喬治安娜・杜伊琪 出版社：新雅文化	小企鵝活潑可愛，提示孩子有禮的方法，做個友善的人，愉快與別人相處。
67	品德學習系列（修訂版） • 小灰兔學耐性 • 有愛心的小花鹿 • 勇於學習的小山羊 • 小毛驢變勇敢了 • 樂於助人的小刺蝟 • 學會分享的小松鼠	適讀年齡：3-6歲 作者：葛翠琳 出版社：新雅文化	幼兒階段的孩子願意聆聽道理，這套圖書可以讓孩子學習良好的品德。孩子可以配合點讀筆使用，就會有即時的聲音和錄音，學習在空閒時自主閱讀。
68	識安全有禮貌： • 我會搭飛機 • 我會搭港鐵 • 我會搭巴士 • 我會搭渡輪	適讀年齡：4歲或以上 作者：新雅編輯室 出版社：新雅文化	本系列以互動好玩的方式，讓孩子理解在不同場合中應有的禮貌和安全規則。孩子除了閱讀外，也可以玩迷宮、貼貼紙和畫圖等，適合喜歡以觸覺學習的孩子。

好書	書名	圖書資料	圖書特色和閱讀心得
69	兩個給我　一個給你	適讀年齡：3-6歲 作、繪者： 約格穆勒 出版社：格林文化	大熊在回家的路上找到了3個蘑菇，好朋友黃鼠狼立即說要和大熊分享，故事情節帶出如何分享才是公平，也帶出分享是快樂。
70	愛打岔的小雞	適讀年齡：3-6歲 作者：大衛·艾哲拉·史坦 出版社：三之三	打岔是孩子常有的毛病。他們需要以故事形式學習專心聆聽，待別人說完才加入話題。

科學和數學知識類圖書

有些孩子喜歡邏輯思考多於欣賞故事，有關科學和知識的圖書反而能引起他們的閱讀興趣，同時讓他們學習閱讀技巧。對於「不喜歡看書」的孩子，我會請父母多與孩子嘗試看看不同種類的圖書，科學和數學是其中一類。此外，透過圖書學習科學與數學概念，也會令孩子更深刻。

好書	書名	圖書資料	圖書特色和閱讀心得
71	幼兒數學邏輯互動遊戲書	適讀年齡：0-3歲 作者：Editions Piccolia 出版社：新雅文化	這是一本讓孩子學習基本數學概念的互動圖書，也有棋盤可進行社交互動遊戲，寓學習社交於數學中。父母有時忙於處理事情，也可以讓兩個孩子一起看這本書，一起遊戲。

好書	書名	圖書資料	圖書特色和閱讀心得
72	數字樂趣多 幼兒數學智能認知書	適讀年齡：3-6歲 作者：新雅編輯室 出版社：新雅文化	這是一本玩具書，可以讓孩子邊玩邊看，學習基本數學概念，非常適合幼兒時期，讓孩子透過操作事物去學習。
73	小寶寶在媽媽的肚子裏做什麼？	適讀年齡：3-6歲 作者：拉爾斯‧丹納斯高 出版社：新雅文化	我的兩個孩子最喜歡問我他們小時候的事。他們在肚中會做什麼，未出生的日子是怎樣的呢？本書可讓孩子認識媽媽的懷孕過程，讓他們感受媽媽的愛。
74	數學好好玩 （兩輯，共10冊）	適讀年齡：3-6歲 作者：麥曉帆、利倚恩、小花 出版社：新雅文化	有些孩子比較抗拒數學和害怕計算。其實，數學概念可以很有趣和生活化地學習，也可以加入故事形式學習。這套書適合喜歡讀故事，又想認識數學的孩子。

好書	書名	圖書資料	圖書特色和閱讀心得
75	好奇水先生 （三輯，共12冊）	適讀年齡：4歲或以上 作者：Agostino Traini 出版社：新雅文化	這是我很喜歡的一個科學系列。透過水先生的旅程和對話，讓孩子不知不覺地認識了很多與水有關的知識，如水的循環。這系列具故事性及知識性，令我和孩子都愛不釋手。
76	神奇手電筒書： • 太空探索任務 • 機器大搜查 • 人體大透視	適讀年齡：4歲或以上 作者：莫伊拉‧畢達菲 出版社：新雅文化	這系列手電筒的設計非常有心思，能讓孩子集中觀察圖畫中某些細節，從而學習相關的科學概念。除了孩子會喜歡這手電筒外，就連我這大人也玩得不亦樂乎呢！

好書	書名	圖書資料	圖書特色和閱讀心得
77	The Very Hungry Caterpillar	適讀年齡：0-3歲 作者：Eric Carle 出版社：PUFFIN	這本書是Eric Carle 的經典代表作。書中的圖畫不但可以引起孩子學習日期的興趣，也是一幅幅的藝術品。孩子可以學習星期一至日，又可伸手指進書中的洞裏玩，有趣極了。
78	10 Little Rubber Ducks	適讀年齡：0-3歲 作者：Eric Carle 出版社：HarperCollins	封面那些鮮黃色的鴨子，深深吸引着我和孩子的視線。這本書讓孩子輕鬆學習1-10的順序。
79	海底100層樓的家	適讀年齡：3-6歲 作者：岩井俊雄 出版社：小魯文化	每次打開這本書時，孩子都會被書中豐富的畫面吸引。這本書讓孩子學習從100開始倒數，以及認識不同的海洋生物。本書插圖有很多細節，可以加強孩子的專注力。

歷史和文化類圖書

孩子在香港生活，認識與香港有關的事物可以擴闊與人的話題，對他們的課堂學習也有幫助。部分孩子喜歡研習歷史和文化，這類圖書也可以提升他們的知識和閱讀興趣。歷史和語文也是互相影響，研讀歷史可以加強孩子的語文能力。

好書	書名	圖書資料	圖書特色和閱讀心得
80	寶寶的第一本節日小書 農曆新年	適讀年齡：0-3歲 出版社：新雅文化	這本書採用真實的相片，讓年紀小的孩子可以簡單直接地學習節日的知識。父母可以在節日前與孩子閱讀合適的章節，讓孩子了解在節日中做的事。
81	中國傳統文化故事——節日及生肖篇套裝	適讀年齡：4歲或以上 作者：魏亞西 出版社：新雅文化	這套書豐富了孩子對節日和生肖的認識。此外，書中的成語練習，也能有趣地延伸書中的內容，讓孩子學習成語。

好書	書名	圖書資料	圖書特色和閱讀心得
82	石獅安安愛遊歷： • 誰是香港地貌冠軍？ • 神隱鳥，你在哪兒？ • 尋找生活中的珍寶 • 奇妙的尋樹之旅	適讀年齡：4歲或以上 作者：麥曉帆、新雅編輯室 出版社：新雅文化	故事以石獅安安為主角。安安是一塊從獅子山剝落的小石頭，它會帶小讀者遊歷香港，認識香港地貌、自然、歷史和文化。我的孩子也很喜歡安安第一身的講解。
83	香港趣味築跡遊： 香港回歸篇	適讀年齡：4歲或以上 作者：新雅編輯室 出版社：新雅文化	這本書給我靈感，決定出遊的目的地。我會與孩子多了解香港的建築，藉以把考察與閱讀結合，增添生活的知識和趣味。

生活知識和技能類圖書

孩子認識一個新環境前，父母可以先跟孩子閱讀有關的圖書，讓孩子好好預備。再者，孩子未有機會嘗試過不同的經歷，圖書可以豐富孩子對世界的認識，學習不同的技巧。

好書	書名	圖書資料	圖書特色和閱讀心得
84	寶寶初體驗之旅： • 國國上學了 • 上街趣事多 • 我才不要剪頭髮 • 看醫生，不用怕	適讀年齡：0-3歲 作者：孫慧玲 出版社：新雅文化	這個年紀的孩子嘗試新事物時需要較多的預告以減少不安。這套圖書增加了孩子的生活經驗，減少對新情境的憂慮。我的女兒很喜歡國國和熙熙的故事，也常常叫我重複閱讀呢！
85	社區體驗系列： • 跟着姊姊去游泳 • 圖書館奇遇記 • 別在超市裏搗蛋 • 我們到公園玩吧	適讀年齡：3-6歲 作者：李安、許恩實、李然喜、李玉朱 出版社：新雅文化	隨着孩子長大，對世界的好奇心越來越強，父母可藉此套圖書解釋在不同場所的規則。我的兩個孩子十分喜歡這套書，書中有趣的描述讓他們印象深刻。
86	起動吧！乘坐80種交通工具遊世界	適讀年齡：3-6歲 作者：亨麗埃塔·德雷恩 出版社：新雅文化	部分孩子喜愛交通工具，有關交通工具的圖書可以啟發他們閱讀的興趣。這本書也是交通迷的知識繪本。

生命教育類圖書

圖書是一個很好的媒介，讓孩子認識生命，了解生命中總有不盡人意的地方，也學習珍惜生命，欣賞生命。在教導孩子認識生命和死亡時，父母可以利用繪本作引子，跟孩子開放地討論這個話題。

好書	書名	圖書資料	圖書特色和閱讀心得
87	死亡是什麼？ 給孩子的生命教育課	適讀年齡：4歲或以上 作者：茉莉·帕特 出版社：新雅文化	書中仔細和具體地講解死亡是什麼，內容簡單直接。我的兩個孩子起初也害怕看這本書，直呼「大吉利是」。在我的引導後，孩子慢慢地降低抗拒，也明白死亡是人生的必經階段。
88	爺爺，你會忘記我嗎？	適讀年齡：4歲或以上 作者：克萊爾·海倫·沃爾什 出版社：新雅文化	人生總有生、老、病、死，孩子怎去面對身邊的人正經歷最後的兩個階段？故事中的爺爺有腦退化症，記憶就像潮汐漲退。故事教人珍惜生命，享受當下與家人的快樂時光。我推介給有長輩的家庭一起看。
89	成長之旅	適讀年齡：4歲或以上 作者：莉比·瓦爾登 出版社：新雅文化	書中優美的文字不僅是生命教育，也是文學作品，書中傳遞的意思更有助孩子認識人的成長，是身體和心靈的成長。

好書	書名	圖書資料	圖書特色和閱讀心得
90	小園丁	適讀年齡：4歲或以上 作者：艾米莉·休斯 出版社：新雅文化	生命的其中一個意義是追尋夢想。只要我們不放棄，即使我們的力量微小，但也會影響其他人，改變世界。
91	怎麼辦？我害怕出錯	適讀年齡：4歲或以上 作者：太美羅 出版社：新雅文化	在學校裏，我們有時都會出錯。我們需要接納自己會出錯，學習欣賞自己，那樣，我們才能得到快樂，生命才能強大。
92	如果沒有人喜歡我，我也要喜歡自己	適讀年齡：4歲或以上 作者：希多·凡荷納賀頓 出版社：大穎文化	本書讓孩子明白自己的生命是有價值，即使不被喜歡，也要愛自己。孩子有了這個信念，內心就會強大。
93	爺爺的天堂筆記本	適讀年齡：4歲或以上 作者：吉竹伸介 出版社：三采	本書用輕鬆手法和可愛溫馨的插畫描述爺爺所記下死後的世界，包括天堂和地獄是怎樣的，他又會如何守護家人或者讓家人記起自己呢？這本書帶出了很多關於死亡的議題，教曉孩子要為死亡作預備。

參考書目

American Speech-Language-Hearing Association. (2010). "Getting Your Child Ready for Reading and Writing". Available at www.asha.org/slp/schools. Reprinted by permission.

Chall, J. S. (1983). *Stages of Reading Development*. New York: McGraw B Hill Book Company.

Kucirkova, N. (2019). Children's reading with digital books: past moving quickly to the future. *Child Development Perspectives*. 13 (4), 208-214.

Lowry, L. (2020) *Sharing books with the toddler, the Hanen Way*. [PDF file]. Toronto : The Hanen Centre. Retrieved from http : //www.hanen.org/About-Us/Not-For-Profit-Charity. aspx.

Parish-Morris, J., Mahajan, N., Hirsh-Pasek, K., Golinkoff, R. M., & Collins, M. F. (2013). Once upon a time: parent-child dialogue and storybook reading in the electronic era. *Mind, Brain, and Education*, 7, 200-211

Wasik, B. A., Hindman, A. H., & Snell, E. K. (2016). Book reading and vocabulary development : A systematic review. *Early Childhood Research Quarterly*, 37, 39-57.

Whitehurst, G. J., Falco, F. L., Lonigan, C. J., Fischel, J. E., DeBaryshe, B. D., Valdez-Menchaca, M. C., & Caulfield, M. (1988). *Accelerating language development through picture book reading. Developmental psychology*, 24, 552-559.

王美恩（2007）。芬蘭：創新圖書館——吸引青少年為樂趣閱讀。*親子天下專刊*，40-43。

許慧貞（2007）。*寶寶愛閱讀*。臺北市：天衛文化。

張永德（2012）。童書閱讀與教學一橋樑書 [PowerPoint Slides]。取自https：//www.edb. gov.hk/attachment/tc/curriculum-development/kla/chi-edu/resources/primary/lang/2012_4_ a.pdf

香港特別行政區家庭健康服務（n.d.）。*兒童健康*。於2020年11月10日取自https：//www.fhs. gov.hk/tc_chi/health_info/child.html

香特別行政區教育局（n.d.）。*學前兒童的成長發展*。於2020年11月11日取自https：//www. edb.gov.hk/attachment/tc/edu-system/preprimary-kindergarten/comprehensive-child-development-service/3_Chapter%20II.pdf

香港教育局（2015年7月5日）。《親子閱讀樂趣多——給0-9歲孩子的家長》單張及小冊子。 於2020年11月11日取自https：//www.edb.gov.hk/tc/curriculum-development/major-level-of-edu/primary/materials/parent-child-reading/index.html

新雅教育系列

親子閱讀從零歲起

從寶寶至小學，以閱讀為原點，拓展孩子全人發展

作　　者：潘穎文
繪　　圖：潘德恩
責任編輯：黃花窗
美術設計：劉麗萍
出　　版：新雅文化事業有限公司
　　　　　香港英皇道499號北角工業大廈18樓
　　　　　電話：（852）2138 7998
　　　　　傳真：（852）2597 4003
　　　　　網址：http://www.sunya.com.hk
　　　　　電郵：marketing@sunya.com.hk
發　　行：香港聯合書刊物流有限公司
　　　　　香港荃灣德士古道220-248號荃灣工業中心16樓
　　　　　電話：（852）2150 2100
　　　　　傳真：（852）2407 3062
　　　　　電郵：info@suplogistics.com.hk
印　　刷：中華商務彩色印刷有限公司
　　　　　香港新界大埔汀麗路36號
版　　次：二〇二一年五月初版

ISBN：978-962-08-7746-9
© 2021 Sun Ya Publications（HK）Ltd.
18/F, North Point Industrial Building, 499 King's Road, Hong Kong
Published in Hong Kong, China
Printed in China

照片鳴謝：
（排名不分先後）

小天下	大穎文化	商務印書館
小魯文化	米奇巴克	親子天下
上誼文化	信誼	潘穎文
三采文化	格林文化	

本書封面及扉頁照片由shutterstock許可授權使用。